NEUWALD • RATHMANN

Fälle und Lösungen zur StPO

AF523616

Fälle und Lösungen zur StPO

für die Ausbildung in der Bundespolizei

Nils Neuwald
Erster Polizeihauptkommissar, Diplom-Verwaltungswirt (FH), M.A.
Fachkoordinator der Fachgruppe Recht und Verwaltung am
Bundespolizeiaus- und -fortbildungszentrum Neustrelitz,
derzeit umgesetzt zur Hochschule des Bundes in Lübeck

und

Elisabeth Rathmann
Polizeihauptkommissarin, Diplom-Verwaltungswirtin (FH)
Polizeifachlehrerin und Fachverantwortliche Einsatzrecht
im VmPVD am
Bundespolizeiaus- und -fortbildungszentrum Neustrelitz,
vorübergehend abgeordnet zum Flughafen Berlin Brandenburg

2., aktualisierte Auflage, 2021

Bibliografische Information der Deutschen Nationalbibliothek | Die Deutsche Nationalbibliothek verzeichnet diese Publikation in der Deutschen Nationalbibliografie; detaillierte bibliografische Daten sind im Internet über www.dnb.de abrufbar.

2. Auflage, 2021

ISBN 978-3-415-06979-4

© 2019 Richard Boorberg Verlag

Das Werk einschließlich aller seiner Teile ist urheberrechtlich geschützt. Jede Verwertung, die nicht ausdrücklich vom Urheberrechtsgesetz zugelassen ist, bedarf der vorherigen Zustimmung des Verlages. Dies gilt insbesondere für Vervielfältigungen, Bearbeitungen, Übersetzungen, Mikroverfilmungen und die Einspeicherung und Verarbeitung in elektronischen Systemen.

Titelfoto: © RBV | Satz: abavo GmbH, Nebelhornstraße 8, 86807 Buchloe | Druck und Bindung: Laupp & Göbel GmbH, Robert-Bosch-Straße 42, 72810 Gomaringen

Richard Boorberg Verlag GmbH & Co KG | Scharrstraße 2 | 70563 Stuttgart
Stuttgart | München | Hannover | Berlin | Weimar | Dresden
www.boorberg.de

Vorwort

In der Ausbildung des mittleren Polizeivollzugsdienstes der Bundespolizei sind im Fach Einsatzrecht/Verkehrsrecht schriftliche Prüfungsarbeiten, in Form von Aufsichtsarbeiten sowie Zwischen- und Laufbahnprüfungen, zu erbringen.

Den Anwärtern fällt es erfahrungsgemäß schwer, trotz richtig erkanntem Ergebnis, die Lösung korrekt niederzuschreiben. Hierbei soll das vorliegende Buch eine Hilfestellung bieten. Es enthält zahlreiche Sachverhalte zu den repressiven Standardmaßnahmen im bundespolizeilichen Aufgabenbereich, die regelmäßig gemäß Ausbildungs- und Stoffverteilungsplan in Prüfungen und Aufsichtsarbeiten abgeprüft werden.

Alle Sachverhaltslösungen sind komplett ausformuliert und entsprechen dem verbindlich festgelegten Prüfungsschema für die rechtliche Begründung von Eingriffsbefugnissen. Die Lösungen basieren auf den bundesweit harmonisierten Lehrunterlagen für die Ausbildung des mittleren Polizeivollzugsdienstes und der Verfahrensanweisung der Bundespolizeiakademie für die Erstellung von Prüfungsarbeiten.

In einem einführenden Abschnitt wird zu Beginn des Buches zudem das Prüfungsschema für die rechtliche Begründung von Eingriffsbefugnissen in der Bundespolizei ausführlich dargestellt. Zu jeder einzelnen Ziffer dieses behördlich vorgegebenen Prüfungsschemas werden Bearbeitungshinweise gegeben.

Wir wünschen allen Leserinnen und Lesern viel Freude bei der Lektüre des Buches und gutes Gelingen bei der Lösung der schriftlichen Aufsichts- und Prüfungsarbeiten.

An Stellen im Buch, wo geschlechtsneutrale Formulierungen aus Gründen der Lesbarkeit unterbleiben, sind ausdrücklich stets alle Geschlechter angesprochen.

Berlin/Neustrelitz, im Frühjahr 2021 *Die Verfasser*

Inhaltsverzeichnis

Abkürzungsverzeichnis

§/§§	Paragraf/Paragrafen
Abs.	Absatz
AEUV	Vertrag über die Arbeitsweise der Europäischen Union
Art.	Artikel
AufenthG	Aufenthaltsgesetz
AsylG	Asylgesetz
B	Bundesstraße
BGB	Bürgerliches Gesetzbuch
BGS	Bundesgrenzschutz
BMI	Bundesministerium des Innern
BPOL	Bundespolizei
BPOLD	Bundespolizeidirektion
BPOLI	Bundespolizeiinspektion
BPolG	Bundespolizeigesetz
BPolZV	Verordnung über die Zuständigkeit der Bundespolizeibehörden
BtMG	Gesetz über den Verkehr mit Betäubungsmitteln
DB AG	Deutsche Bahn Aktiengesellschaft
DGL	Dienstgruppenleiter
d. h.	das heißt
ED-Behandlung	erkennungsdienstliche Behandlung
f./ff.	folgende/fortfolgende
FAA	Fahrkartenautomatenaufbruch
FamFG	Gesetz über das Verfahren in Familiensachen und in den Angelegenheiten der freiwilligen Gerichtsbarkeit
gem.	gemäß
GG	Grundgesetz
grds.	grundsätzlich
GVG	Gerichtsverfassungsgesetz
IDF	Identitätsfeststellung
i. e. S.	im engeren Sinne
i. S. d.	im Sinne des

i. V. m.	in Verbindung mit
i. w. S.	im weiteren Sinne
JVA	Justizvollzugsanstalt
km	Kilometer
LKW	Lastkraftwagen
LmPVD	Laufbahnlehrgang für den mittleren Polizeivollzugsdienst
LuftSiG	Luftsicherheitsgesetz
o. g.	oben genannte(r)
OWi	Ordnungswidrigkeit
PHM	Polizeihauptmeister
Pkw	Personenkraftwagen
PVB	Polizeivollzugsbeamter
PVD	Polizeivollzugsdienst
RBB	Rechtsbehelfsbelehrung
RGL	Rechtsgrundlage
RGV	Rechtsgutverletzung
SDÜ	Schengener Durchführungsübereinkommen
SGK	Schengener Grenzkodex
Std.	Stunden
StGB	Strafgesetzbuch
StPO	Strafprozessordnung
UZwG	Gesetz über den unmittelbaren Zwang des Bundes
VmPVD	Vorbereitungsdienst für den mittleren Polizeivollzugsdienst
VwVG	Verwaltungsvollstreckungsgesetz
VwVfG	Verwaltungsverfahrensgesetz
WÜK	Wiener Übereinkommen über konsularische Beziehungen
z. B.	zum Beispiel

Kapitel 1
Einführung in die rechtliche Fallbearbeitung

Im mittleren Polizeivollzugsdienst in der Bundespolizei sind im Fach Einsatzrecht/Verkehrsrecht schriftliche Prüfungen, in Form von Aufsichtsarbeiten sowie Zwischen- und Laufbahnprüfungen, zu bewältigen.

Die fachinhaltliche Verantwortung für die Erstellung der Prüfungsarbeiten liegt bei der Bundespolizeiakademie sowie den Fachgruppen Recht und Verwaltung der Aus- und Fortbildungszentren.

1.1 Inhaltliche Grundsätze

Der fachinhaltliche Schwerpunkt wird, neben dem Straf- und Zwangsrecht, bei den Eingriffsbefugnissen aus dem Polizei- sowie dem Strafprozessrecht gesetzt. Hierbei werden aktuelle Rechts- und Kriminalitätsentwicklungen im Zuständigkeitsbereich der Bundespolizei berücksichtigt.

Als Örtlichkeiten des Geschehens sind die jeweiligen Musterinspektionen vorgesehen. Diese sind für den Bereich der grenzpolizeilichen Aufgabe die Bundespolizeiinspektion Forst, für die bahnpolizeiliche Aufgabe die Bundespolizeiinspektion Hamburg, für die Wahrnehmung der Aufgabe Luftsicherheit die Bundespolizeiinspektion Hamburg Flughafen und für die verbandspolizeiliche Aufgabe die Bundespolizeiabteilung Ratzeburg.

Es werden zukunftsorientierte Fragestellungen (»ex ante«) bei Befugnissen und Maßnahmen verwendet. Die Grenzen des zulässigen Prüfungsstoffs ergeben sich aus dem Lernfeld (Lernfeld=Prüffeld). Die Grundlage hierfür sind die bundesweit harmonisierten Lehrunterlagen.

1.2 Prüfschema für die rechtliche Begründung von Eingriffsmaßnahmen

Das für die Prüfung der polizeilichen Befugnisse zugrunde gelegte »Schema für die rechtliche Begründung von Eingriffsmaßnahmen« basiert auf der Anlage 3 des Ausbildungsplanes für den VmPVD der Bundespolizeiakademie vom Januar 2020. Es enthält die rechtlichen Anforderungen, die im polizeilichen Alltag im mittleren Polizeivollzugsdienst bei der Anwendung von Eingriffsmaßnahmen zu beachten sind. Es soll vor allem dazu führen, dass sich Polizeibeamtinnen und Polizeibeamte der Bundespolizei rechtssicher zum Handeln oder Nichthandeln entschließen. Das Prüfschema darf aber nicht dazu verleiten, jeden Punkt im gleichen Umfang und mit der gleichen Intensität zu bearbeiten. Der Sachverhalt und die Aufgabenstellung bestimmen den Lösungsweg.

Das Prüfschema ist ebenso wie unkommentierte Gesetzestexte bei der Zwischenprüfung des 1. Dienstjahres (VmPVD) zugelassen und wird als Anlage der Prüfungsarbeit beigefügt. Die schriftliche Prüfungsarbeit im 3. Dienstjahr, dem Laufbahnlehrgang (LmPVD), muss ohne beigefügtes Schema gelöst werden.

1.3 Gesamtübersicht Prüfschema

Prüfschema für die rechtliche Begründung von Eingriffsmaßnahmen

1 Entscheidung
- 1.1 Entscheidung zu präventivem oder repressivem Handeln
- 1.2 Benennung der zu treffenden Maßnahme

2 Zuständigkeit
- 2.1 Sachliche Zuständigkeit
- 2.2 Örtliche Zuständigkeit

3 Eingriff
- 3.1 Befugnisnorm
- 3.2 Adressat
- 3.3 Allgemeine Rechtmäßigkeitsvoraussetzungen/Verhältnismäßigkeit
- 3.4 Besondere gesetzliche Pflichten/Formvorschriften
- 3.5 Feststellung der Rechtmäßigkeit der Maßnahme

4 Zwang
- 4.1 Benennung der Art des Zwanges
- 4.2 Zulässigkeit der Vollstreckung
- 4.3 Adressat des Verwaltungszwanges
- 4.4 Zur Anwendung unmittelbaren Zwanges berechtigte Personen
- 4.5 Besondere Vorschriften
  - Androhung
  - Besondere Anforderungen
- 4.6 Allgemeine Rechtmäßigkeitsvoraussetzungen/Verhältnismäßigkeit
- 4.7 Feststellung der Rechtmäßigkeit der zwangsweisen Durchsetzung dieser Maßnahme

1.4 Erläuterungen zum Prüfschema

Ziffer 1 Entscheidung

Ziffer 1.1 Entscheidung zu präventivem oder repressivem Handeln

Der Einstieg in die rechtliche Fallbearbeitung erfolgt über die Betrachtung des **polizeilichen Anlasses**, der sich regelmäßig als Rechtsgutverletzung, d. h. vielfach als Verstoß gegen eine oder mehrere gesetzlich festgeschriebene Normen verstehen lässt.

In den meisten Fällen handelt es sich um eine Gefahr, eine Straftat oder eine Ordnungswidrigkeit (OWi), die in einer Gemengelage in unterschiedlicher Vielzahl und Kombination vorliegen kann. Zu beachten ist, dass in dieser Prüfziffer noch keine umfängliche rechtliche Würdigung erfolgt.

Der polizeiliche Anlass ist nur kurz darzustellen. Mit dieser Vorstellung soll dargestellt werden, was offensichtlich erkannt wurde und was weiterhin wahrscheinlich oder möglich ist.

Dabei sollte die Art der Rechtsgutverletzung (RGV) betrachtet werden und zur Entscheidungsfindung des präventiven oder repressiven Handelns beitragen.

Es werden **drei Arten der RGV** unterschieden, die dann präventives (gefahrenabwehrendes) oder repressives (strafverfolgendes) Tätigwerden erforderlich werden lassen. Dabei ist stets der Grundsatz »**Prävention vor Repression**« zu beachten.

Überblick über die drei Arten der Rechtsgutverletzungen:

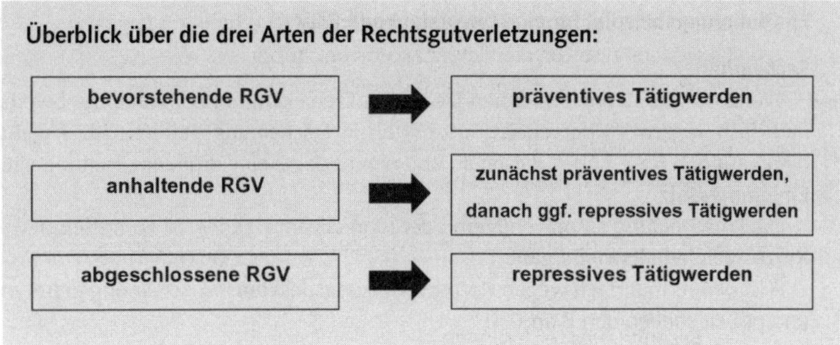

Eine RGV ist **bevorstehend**, wenn nach allgemeiner Lebenserfahrung die hinreichende Wahrscheinlichkeit besteht, ein Schaden werde bei ungehindertem Geschehensablauf innerhalb einer bestimmbaren oder bereits absehbaren Zeit eintreten.

Eine RGV ist **anhaltend**, wenn ein Schaden bereits entstanden ist und der sicherheitswidrige Zustand andauert und dadurch eine Schadensvertiefung oder eine Schadensvergrößerung eintreten kann. Oft handelt es sich um Dauerdelikte (z. B. Hausfriedensbruch oder Freiheitsberaubung), die zwar vollendet, aber noch nicht beendet sind.

In Betracht kommen ferner Straftaten im Versuchsstadium und solche Delikte, bei denen eine Schadensvertiefung noch möglich ist. Dies gilt sinngemäß auch für Ordnungswidrigkeiten oder für Rechtsverletzungen nach dem Privatrecht (z. B. Verletzung der elterlichen Sorge [§ 1626 BGB] gegenüber Kindern).

RGV, in der Regel Straftaten und Ordnungswidrigkeiten, gelten dann als **abgeschlossen**, wenn sie keinen weiteren unmittelbaren polizeilichen Schaden im Sinne einer Schadensvertiefung oder -vergrößerung bewirken können. Die möglichen mit Strafe bedrohten Handlungen oder Unterlassungen (Straftaten/rechtswidrige Taten) sind vom Bearbeiter zu benennen. Entsprechend ist bei etwaigen Ordnungswidrigkeiten zu verfahren.

Dabei bietet sich folgende **Gliederung** des Prüfpunktes 1.1 an:
(1) Einleitungssatz
(2) Kurze Sachverhaltswiedergabe
(3) Bisheriger Schaden
(4) Zukünftiger Schaden/Schadensvertiefung
(5) Betroffene Rechtsgüter/Straftat/OWi
(6) Entscheidung

Formulierungsbeispiel für eine bevorstehende RGV:

Sachverhalt

Während Ihrer Streife erkennen Sie den polizeibekannten A wieder, der bereits mehrfach wegen Körperverletzungsdelikten in Erscheinung getreten ist. A geht direkt auf den B zu, pöbelt diesen an und nimmt dabei eine drohende Haltung ein.

Einleitungssatz

Die Entscheidung zu präventivem oder repressivem Handeln ist zu treffen.

Kurze Sachverhaltswiedergabe

A ist bereits mehrfach wegen Körperverletzungsdelikten in Erscheinung getreten und pöbelt soeben den B an.

Bisheriger Schaden

Noch ist kein Schaden eingetreten.

Zukünftiger Schaden/Schadensvertiefung

Doch ohne polizeiliches Einschreiten könnte der Streit eskalieren und zu Straftaten (wie z. B. Beleidigungen und Körperverletzungen) führen.

Betroffene Rechtsgüter/Straftat/OWi

Es würde sich dann um die Straftat Beleidigung gem. § 185 StGB und Körperverletzung gem. § 223 Abs. 1 StGB handeln. Betroffene Rechtsgüter wären die Ehre, das Recht auf körperliche Unversehrtheit und Gesundheit des B sowie die objektive Rechtsordnung.

Entscheidung

Es handelt sich um eine bevorstehende Rechtsgutverletzung als Gefahr für die öffentliche Sicherheit. Daher ist hier zunächst präventives Einschreiten zur Abwehr der Gefahr erforderlich.

Formulierungsbeispiel für eine anhaltende RGV:

Sachverhalt

Während Ihrer Streife werden Sie Zeuge, wie T den O mit der Faust ins Gesicht schlägt. T holt erneut zu einem Schlag aus.

Einleitungssatz

Die Entscheidung zu präventivem oder repressivem Handeln ist zu treffen.

Kurze Sachverhaltswiedergabe

T hat O bereits mit der Faust ins Gesicht geschlagen und holt nun zum nächsten Schlag aus.

Bisheriger Schaden

Ein Schaden ist bereits eingetreten.

Zukünftiger Schaden/Schadensvertiefung

Doch ohne polizeiliches Einschreiten wird T den O erneut mit der Faust ins Gesicht schlagen und der Schaden würde sich vertiefen.

Betroffene Rechtsgüter/Straftat/OWi

Es handelt sich um die Straftat Körperverletzung gem. § 223 Abs. 1 StGB. Betroffene Rechtsgüter sind das Recht auf körperliche Unversehrtheit und Gesundheit des O sowie die objektive Rechtsordnung.

Entscheidung

Es handelt sich um eine anhaltende Rechtsgutverletzung als Gefahr für die öffentliche Sicherheit. Daher ist hier zunächst präventives Einschreiten zur Abwehr der Gefahr erforderlich. Das schließt jedoch repressive Maßnahmen im Anschluss zur Strafverfolgung der Straftat Körperverletzung nicht aus.

Formulierungsbeispiel für eine abgeschlossene RGV:

Sachverhalt

Während Ihrer Streife werden Sie Zeuge, wie A den B mit der Faust ins Gesicht schlägt. Als der A Sie erblickt, stellt er seine Schläge auf den B ein.

Einleitungssatz

Die Entscheidung zu präventivem oder repressivem Handeln ist zu treffen.

Kurze Sachverhaltswiedergabe

A hat B mit der Faust ins Gesicht geschlagen, aktuell seine Handlungen aber eingestellt.

Bisheriger Schaden

Ein Schaden ist bereits eingetreten.

Zukünftiger Schaden/Schadensvertiefung

Von einer Schadensvertiefung ist derzeit nicht auszugehen.

Betroffene Rechtsgüter/Straftat/OWi

Es handelt sich um die Straftat Körperverletzung gem. § 223 Abs. 1 StGB. Betroffene Rechtsgüter sind das Recht auf körperliche Unversehrtheit und Gesundheit des B sowie die objektive Rechtsordnung.

Entscheidung

Es handelt sich um eine abgeschlossene Rechtsgutverletzung als Gefahr für die öffentliche Sicherheit. Daher ist hier ein repressives Einschreiten zur Strafverfolgung der Straftat Körperverletzung erforderlich.

Ziffer 1.2 Benennung der zu treffenden Maßnahme

Auf Grundlage der Entscheidungsfindung in Ziffer 1.1 ist an dieser Stelle des Prüfschemas die **nun zu treffende Maßnahme** unter Angabe der **genauen Rechtsgrundlage** zu benennen.

Dabei ist zu beachten, dass das BPolG das maßgebliche Gesetz für gefahrenabwehrende, also präventive Maßnahmen, und die StPO das maßgebliche Gesetz für strafverfolgende, also repressive Maßnahmen, darstellt.

Dieser Prüfpunkt bedarf keiner ausführlichen Würdigung, sondern lediglich einer **Benennung der zu treffenden Maßnahme** im Konjunktiv, die dann im weiteren Verlauf des Prüfschemas einer ausführlichen Prüfung bzw. Würdigung unterliegt.

Formulierungsbeispiele

Bei der nun zu treffenden Maßnahme könnte es sich um die Feststellung der Identität beim Straftatverdächtigen gem. § 163b Abs. 1 Satz 1 StPO handeln.

Bei der nun zu treffenden Maßnahme könnte es sich um eine Durchsuchung der Person zum Auffinden von Beweismitteln gem. §§ 102, 105 Abs. 1 StPO handeln.

Hinweis zur Normdarstellung

Gesetzesnormen sind genau zu zitieren. Für die Darstellung des Absatzes gibt es drei zulässige Möglichkeiten, die nachfolgend beispielhaft dargestellt werden:

§ 163 Abs. 1 StPO oder § 163 I StPO oder § 163 (1) StPO.

Ziffer 2 Zuständigkeit

An dieser Stelle des Prüfschemas sind die Zuständigkeiten der jeweiligen Bundespolizeibehörden herauszuarbeiten. Das BPolG und die BPolZV weisen der Bundespolizei **Aufgaben** zu und regeln die **Behördenorganisation**.

Ziffer 2.1 Sachliche Zuständigkeit

§ 1 Abs. 2 BPolG weist der BPOL nur Aufgaben zu, die ihr durch dieses Gesetz übertragen werden oder ihr am 1. November 1994 durch ein anderes Bundesgesetz oder aufgrund eines Bundesgesetzes (z. B. durch Rechtsverordnung) zugewiesen waren.

Die Zuständigkeit für die Polizei für die Verfolgung von Straftaten ist in den §§ 161 bis 163 StPO geregelt. Nach § 161 StPO ist die Polizei verpflichtet, auf Weisung der Staatsanwaltschaft zu handeln. Nach § 163 Abs. 1 StPO haben die Behörden und Beamten des Polizeidienstes strafbare Handlungen zu erforschen und alle unaufschiebbaren Maßnahmen zu treffen, um die Verdunkelung der Sache zu verhüten.

Die Bundespolizei ist eine Polizei im Sinne der StPO. Durch § 12 BPolG wurde ihr der Strafverfolgungsauftrag in ihrem gesetzlich zugewiesenen sonderpolizeilichen Aufgabenbereich übertragen.

Dabei unterscheidet der § 12 BPolG zwischen der originären Strafverfolgungskompetenz gem. § 12 Abs. 1 BPolG und der Erforschungspflicht des ersten Angriffes nach § 12 Abs. 3 BPolG.

In der **originären Strafverfolgungskompetenz des § 12 Abs. 1 BPolG** sind die Straftaten aufgeführt, die die BPOL bis zur Abgabe an die Staatsanwaltschaft in eigener Zuständigkeit bearbeitet.

Der Bundespolizei obliegt demnach die Verfolgung von **Vergehen**
- im grenzpolizeilichen Aufgabenbereich (Nr. 1 bis 4),
- im bahnpolizeilichen Aufgabenbereich (Nr. 5),
- im Bereich der Aufgaben auf See (Nr. 6).

Der Bundespolizei obliegt ferner die Verfolgung der **Verbrechen**:
- nach § 315 Abs. 3 Nr. 1 StGB (gefährlicher Eingriff in den Bahn-, Schiffs- und Luftverkehr),
- nach § 97 AufenthG (Einschleusen mit Todesfolge; gewerbs- und bandenmäßiges Einschleusen),
- nach § 84a AsylG (gewerbs- und bandenmäßige Verleitung zur missbräuchlichen Asylantragstellung),
- die im Rahmen des § 6 BPolG zu verfolgen sind.

Die BPOL ist im Rahmen des **Ersten Angriffes** für die Verfolgung aller Straftaten (Vergehen und Verbrechen) zuständig, die innerhalb des räumlichen Bereiches der Sachaufgaben gem. §§ 1–7 BPolG festgestellt werden. Abschließend ist die Frage der Endsachbearbeitung zu klären.

Für Straftaten, die außerhalb des räumlichen Bereichs der Sachaufgaben gem. §§ 1–7 BPolG festgestellt werden, obliegt der BPOL die **Eilzuständigkeit** nach § 65 Abs. 1 BPolG. Hiernach sind alle unaufschiebbaren Maßnahmen zur Verfolgung der Tat zu treffen.

Anhand des Sachverhaltes ist festzustellen, welche Strafverfolgungsaufgabe gem. § 12 Abs. 1 oder Abs. 3 oder § 65 Abs. 1 BPolG durch die BPOL konkret wahrgenommen wird (z. B. § 12 Abs. 1 Nr. 5 BPolG oder § 12 Abs. 3 BPolG oder § 65 Abs. 1 BPolG etc.).

Nach § 58 Abs. 1 BPolG erlässt das Bundesministerium des Innern eine Rechtsverordnung, in der die Einzelheiten der örtlichen und sachlichen Zuständigkeit geregelt sind.

Hierbei handelt es sich um die Verordnung über die Zuständigkeit der Bundespolizeibehörden (BPolZV) vom 22.02.2008, zuletzt geändert durch Art. 28 der Elften Zuständigkeitsanpassungsverordnung vom 19.06.2020.

§ 1 BPolZV regelt, dass das Bundespolizeipräsidium als Oberbehörde und die Bundespolizeidirektionen sowie die Bundespolizeiakademie als Unterbehörden sachlich für die Wahrnehmung der BPOL obliegenden Aufgaben nach § 1 Abs. 2 BPolG zuständig sind.

Formulierungsbeispiele für die originäre Strafverfolgungskompetenz nach § 12 Abs. 1 BPolG

Formulierungsbeispiel für den Aufgabenbereich Grenze:

Die sachliche Zuständigkeit ergibt sich aus § 1 Abs. 2, § 12 Abs. 1 Nr. 1 bis 4 BPolG i. V. m. § 163 Abs. 1 StPO i. V. m. § 58 Abs. 1 BPolG i. V. m. § 1 Abs. 1 BPolZV.

Formulierungsbeispiel für den Aufgabenbereich Bahn:

Die sachliche Zuständigkeit ergibt sich aus § 1 Abs. 2, § 12 Abs. 1 Nr. 5 BPolG i. V. m. § 163 Abs. 1 StPO i. V. m. § 58 Abs. 1 BPolG i. V. m. § 1 Abs. 1 BPolZV.

Formulierungsbeispiel für den Aufgabenbereich See:

Die sachliche Zuständigkeit ergibt sich aus § 1 Abs. 2, § 12 Abs. 1 Nr. 6 BPolG i. V. m. § 163 Abs. 1 StPO i. V. m. § 58 Abs. 1 BPolG i. V. m. § 1 Abs. 1 BPolZV.

Formulierungsbeispiele für Maßnahmen des ersten Angriffes innerhalb des räumlichen Bereiches der Sachaufgabe (§§ 1–7 BPolG) nach § 12 Abs. 3 BPolG

Formulierungsbeispiel:

Die sachliche Zuständigkeit ergibt sich aus § 1 Abs. 2, § 12 Abs. 3 BPolG i. V. m. § 163 Abs. 1 StPO i. V. m. § 58 Abs. 1 BPolG i. V. m. § 1 Abs. 1 BPolZV.

Formulierungsbeispiele für Maßnahmen der Eilzuständigkeit außerhalb des räumlichen Bereiches der Sachaufgabe (§§ 1–7 BPolG) nach § 65 Abs. 1 BPolG

Formulierungsbeispiel für den Aufgabenbereich Bahnpolizei:

Die sachliche Zuständigkeit ergibt sich aus § 1 Abs. 2, § 65 Abs. 1 BPolG i. V. m. § 163 Abs. 1 StPO i. V. m. § 58 Abs. 1 BPolG i. V. m. § 1 Abs. 1 BPolZV.

Ziffer 2.2 Örtliche Zuständigkeit

Nach § 58 Abs. 1 BPolG erlässt das Bundesministerium des Innern, für Bau und Heimat eine Rechtsverordnung, in der Einzelheiten der örtlichen und sachlichen Zuständigkeit geregelt sind (BPolZV).

§ 2 BPolZV regelt die örtlichen Zuständigkeiten der Bundespolizeidirektionen (BPOLD). Diese orientieren sich an den Grenzen der Bundesländer, wobei eine Bundespolizeidirektion meist für mehrere Bundesländer örtlich zuständig ist.

Die Musterinspektionen Hamburg (Bahn) und Hamburg Flughafen gehören zur BPOLD Hannover. Die Musterinspektion Forst untersteht der BPOLD Berlin. Für die Aufgabe Eigensicherung gibt es keine örtliche Begrenzung. Diese nehmen die Beamten bundesweit war.

Formulierungsbeispiel für die Musterinspektion BPOLI Hamburg und BPOLI Hamburg Flughafen:

Die örtliche Zuständigkeit ergibt sich aus § 58 Abs. 1 BPolG i. V. m. § 2 Abs. 1 Nr. 2 BPolZV.

Formulierungsbeispiel für die Musterinspektion BPOLI Forst:

Die örtliche Zuständigkeit ergibt sich aus § 58 Abs. 1 BPolG i. V. m. § 2 Abs. 1 Nr. 8 BPolZV.

Formulierungsbeispiel für die Aufgabe der Eigensicherung:

Die örtliche Zuständigkeit ergibt sich aus § 58 Abs. 1 BPolG i. V. m. § 2 Abs. 2 Nr. 4 BPolZV.

Ziffer 3 Eingriff

Ziffer 3.1 Befugnisnorm

Nach dem verfassungsmäßigen Grundsatz des »**Vorbehalt des Gesetzes**« bedürfen Eingriffe in die Rechte von Personen einer gesetzlichen Ermächtigung. Bei der Auswahl der in Frage kommenden Befugnis (präventiv oder repressiv) sind an dieser Stelle des Prüfschemas die **gesetzlichen Voraussetzungen** der jeweiligen Befugnisnorm zu prüfen.

Diese gesetzlichen Voraussetzungen unterscheiden sich je nach Befugnisnorm und sind individuell abzuprüfen. So verlangt beispielsweise der § 163b Abs. 1 Satz 1 StPO (Feststellung der Identität bei Straftatverdächtigen mit einfachen Mitteln) das Vorliegen einer »Straftat« und eines »Verdächtigen« als gesetzliche Voraussetzung, während § 163b Abs. 1 Satz 2 StPO (Festhalten zur Feststellung der Identität bei Straftatverdächtigen) zusätzlich das Vorliegen der »Feststellung der Identität sonst nicht oder nur unter erheblichen Schwierigkeiten möglich« erfordert.

An dieser Stelle ist zu prüfen, ob sämtliche Voraussetzungen der jeweiligen Befugnisnorm vorliegen. Hierbei bietet es sich an, strukturiert jede gesetzliche Voraussetzung einzeln im **Gutachtenstil** abzuprüfen. Bei offensichtlich unstrittigen gesetzlichen Voraussetzungen kann im Einzelfall auch der Urteilstil angewendet werden.

Formulierungsbeispiel Ziffer 3.1 des Prüfschemas:
Sachverhalt

Nach einer Straftat (§ 303 StGB) im bahnpolizeilichen Aufgabenbereich haben Sie die Person, die die Tat begangen hat, gestellt. Die Befragung sowie die Durchsuchung der Sachen und der Person zur Feststellung der Identität verliefen negativ.

Aufgabe

Prüfen Sie die nun zu treffende Maßnahme gegen die Person!

Lösungsvorschlag

Obersatz:

Die Voraussetzungen für eine Mitnahme der Person zur Dienststelle zur Feststellung der Identität gem. § 163b Abs. 1 Satz 2 StPO müssten vorliegen.

1. Voraussetzung: Straftatverdacht und Tatverdächtiger

Einleitungssatz:

Zunächst müsste ein Straftatverdacht vorliegen und es sich bei der Person um einen Straftatverdächtigen handeln.

Definition:

Ein Straftatverdacht besteht, wenn zureichende Anhaltspunkte für eine Straftat vorliegen. Tatverdächtiger ist die Person, bei der die Wahrscheinlichkeit besteht, dass sie Täter oder Teilnehmer der Straftat ist.

Sachverhaltsanwendung:

Wie oben dargestellt, liegt eine Sachbeschädigung gem. § 303 StGB, eine Straftat, vor. Gemäß Sachverhalt hat die Person die Tat begangen und ist somit ein Tatverdächtiger.

Ergebnissatz:

Die Person ist somit Tatverdächtiger einer Straftat.

2. Voraussetzung: sonst nicht oder unter erheblichen Schwierigkeiten

Einleitungssatz:

Weiterhin dürfte die Feststellung der Identität sonst nicht oder nur unter erheblichen Schwierigkeiten feststellbar sein.

Definition:

Sollte die Feststellung der Identität mit einfachen Mitteln nicht zum Ziel führen, so können weiterführende Maßnahmen getroffen werden, um die Identität für das Strafverfahren zu sichern.

Sachverhaltsanwendung:

Eine erfolgte Befragung der Person nach ihren Personalien sowie eine vor Ort durchgeführte Durchsuchung der Sachen und der Person verliefen negativ. Das bedeutet, dass die Feststellung der Identität der Person vor Ort mit einfachen Mitteln nicht möglich ist.

Daher sind in diesem Fall weiterführende Maßnahmen, wie hier die Mitnahme der Person zur Dienststelle zur Feststellung der Identität, erforderlich, um das Strafverfahren zu sichern.

Ergebnissatz:

Somit ist die Feststellung der Identität der Person sonst nicht oder nur unter erheblichen Schwierigkeiten möglich.

Gesamtergebnis aller Voraussetzungen:

Die Voraussetzungen für eine Mitnahme der Person zur Dienststelle zur Feststellung der Identität gem. § 163b Abs. 1 Satz 2 StPO liegen insgesamt vor.

Ziffer 3.2 Adressat

Die Maßnahmen der BPOL müssen sich gegen den richtigen Adressaten richten. Eine rechtliche Würdigung dieser Ziffer oder zumindest eine kurze Darstellung hat zu erfolgen. Insbesondere dann, wenn mehr als eine Person als Adressat für eine Inanspruchnahme in Betracht kommt. Dies gilt auch, wenn die Adressaten sich in unterschiedlichem Maße polizeipflichtig gemacht haben.

Die Adressaten der StPO ergeben sich aus der jeweiligen Befugnisnorm der StPO selbst.

Formulierungsbeispiel:

Die Maßnahme müsste sich gegen den richtigen Adressaten richten. Dieser ergibt sich aus der Befugnis selbst, hier § 163b Abs. 1 StPO. Die Person G ist Straftatverdächtiger und somit der richtige Adressat der Maßnahme.

Ziffer 3.3 Allgemeine Rechtmäßigkeitsvoraussetzungen/Verhältnismäßigkeit

Die allgemeinen Rechtmäßigkeitsvoraussetzungen enthalten weitere Voraussetzungen, die zu beachten sind, damit eine Eingriffsmaßnahme rechtmäßig ist. Diese Prüfziffer berücksichtigt den **Grundsatz der Verhältnismäßigkeit**. Es ist auf die Verhältnismäßigkeit im weiteren Sinne (Geeignetheit, Erforderlichkeit, Angemessenheit) einzugehen. Die Beachtung des Bestimmtheitsgebots sowie die rechtliche und tatsächliche Möglichkeit des Handelns sind nur zu prüfen, sofern die Aufgabenstellung oder der Sachverhalt dies erfordern.

Demnach müssen Eingriffsmaßnahmen stets **geeignet** und **erforderlich** und **angemessen** sein!

Geeignetheit:

»Geeignet ist eine Maßnahme, wenn sie objektiv zwecktauglich ist, das polizeiliche Ziel zu erreichen.«

Darunter ist die Tauglichkeit der polizeilichen Maßnahme zu verstehen, in dem Sinne, als sie zur Strafverfolgung beiträgt. Es ist also die Frage nach dem polizeilichen Ziel zu stellen. D. h. was soll mit der Maßnahme erreicht werden und ist die Maßnahme geeignet, also objektiv zwecktauglich, dieses Ziel zu erreichen.

Erforderlichkeit:

»Erforderlich ist eine Maßnahme, wenn sie von mehreren möglichen und geeigneten Maßnahmen diejenige ist, die den Einzelnen und die Allgemeinheit voraussichtlich am wenigsten beeinträchtigt.«

Hier ist zu prüfen, welche von den zur Verfügung stehenden geeigneten Maßnahmen die für den Einzelnen oder die Allgemeinheit mildeste Maßnahme ist (geringster Eingriff, Übermaßverbot). Es muss also betrachtet werden, ob es möglicherweise mildere, ebenfalls geeignete Maßnahmen geben würde.

So wären beispielsweise eine Feststellung der Identität vor Ort und eine Mitnahme zur Identitätsfeststellung gleichfalls geeignet, eine qualifizierte Strafverfolgung zu gewährleisten. Allerdings würde die Feststellung der Identität vor Ort weniger schwerwiegend in die Rechte des Betroffenen eingreifen und wäre deshalb bei gleicher Eignung vorzuziehen. Da die Feststellung der Identität vor Ort gleichfalls geeignet ist, wäre die Mitnahme somit nicht erforderlich.

Angemessenheit:

»Angemessen ist eine Maßnahme, wenn sie zu dem angestrebten Erfolg nicht erkennbar außer Verhältnis steht. Eine Rechtsgüterabwägung hat zu erfolgen.«

Hier sind die Gefahren für das betroffene Rechtsgut und die durch die polizeiliche Maßnahme entstehenden Nachteile/Schäden für den Betroffenen ins Verhältnis zu setzen (Zweck-Mittel-Relation).

Im Wesentlichen sind hier abzuwägen die Rechtsbeeinträchtigungen durch die Verursachung der Straftat und die Rechtsbeeinträchtigungen, die durch die polizeiliche Maßnahme erfolgen. Das heißt, dass das vom Straftäter verletzte Recht dem durch die polizeiliche Maßnahme zu verletzende Recht gegenübergestellt und gegeneinander abgewogen wird (Rechtsgüterabwägung).

Bei repressiven Maßnahmen ist z. B. bei der Strafverfolgung die Schwere der Straftat, der daraus entstehende Strafverfolgungsanspruch des Staates und die zu erwartende Strafe dem Eingriff gegenüber zu stellen.

Ziffer 3.4 Besondere gesetzliche Pflichten/Formvorschriften

Hierunter sind die zu der jeweiligen Befugnisnorm gehörigen Pflichten und Formvorschriften zu nennen. Jeweils zu beachtende und **am Sachverhalt orientierte Formvorschriften** sind aufzuführen, wie beispielsweise:
- Belehrungs- und Hinweispflichten,
- Hinzuziehungspflichten,
- Bescheinigungspflichten,
- Begründungspflichten,
- Vorführungspflichten,
- Benachrichtigungspflichten.

Ziffer 3.5 Feststellung der Rechtmäßigkeit der Maßnahme

Dieser Prüfpunkt bedarf keiner Würdigung, da diese bereits erfolgt ist. An dieser Stelle des Prüfschemas wird lediglich abschließend das Ergebnis der vorherigen Würdigungen präsentiert, und zwar in Form einer **Feststellung der Rechtmäßigkeit der Maßnahme** (sofern dies bejaht werden konnte).

Formulierungsbeispiele:
Somit ist die Feststellung der Identität des Straftatverdächtigen gem. § 163b Abs. 1 Satz 1 StPO insgesamt rechtmäßig.

Somit ist die Durchsuchung der Person zum Auffinden von Beweismitteln gem. §§ 102, 105 Abs. 1 StPO insgesamt rechtmäßig.

Ziffer 4 Zwang

Unter den Ziffern 4.1 bis 4.7 würde sich nun die Prüfung der Rechtmäßigkeit der zwangsweisen Durchsetzung der unter 1.1 bis 3.5 geprüften Maßnahme anschließen. Die Zulässigkeit und Rechtmäßigkeit des Zwanges richtet sich nach dem Gesetz über den unmittelbaren Zwang des Bundes (UZwG) und ist deshalb nicht Bestandteil dieses Lehrbuches.[1]

1.5 Allgemeine Ratschläge zur Bearbeitungstechnik

- **Lesen Sie den Sachverhalt mehrmals**, vollständig und in Ruhe, um ihn korrekt zu erfassen.
- Gleiches gilt für die **Aufgabenstellung**. Nicht immer wird verlangt, das komplette Prüfschema zu bearbeiten. Oftmals sollen nur Teilbereiche geprüft werden (z. B. nur Ziffer 1.1, 3.1 und 3.4 des Prüfschemas). Beachten Sie dies, Sie verschenken sonst kostbare Bearbeitungszeit!
- Beachten Sie die **Bearbeitungshinweise** auf dem Deckblatt.
- Bringen Sie im Sachverhalt nicht zu viele **Notizen und Markierungen** an, damit Sie die Übersicht behalten.
- Fertigen Sie Notizen und eine kurze **Lösungsskizze** auf dem Konzeptpapier an. Beachten Sie aber, dass das Konzeptpapier grds. nicht mitbewertet wird.
- Kalkulieren Sie die zur Verfügung stehende **Zeit** und teilen Sie sich diese gut ein. Planen Sie Reserven für die Schlusskorrektur ein.
- Halten Sie die **Struktur der Prüfungsschritte** (»Subsumtion«) ein, um keine wichtigen Prüfpunkte (insbesondere bei Ziffer 3.1 des Prüfschemas) zu vergessen:
  - Einleitungssatz,
  - Definition,

1 Zur Vertiefung wird auf das im selben Verlagshaus erschienene Werk »Fälle und Lösungen zum UZwG« der Autoren dieses Lehrbuches verwiesen.

  - Sachverhaltsanwendung,
  - Zwischenergebnis,
  - Endergebnis.
- Beachten Sie, dass **Gesetzesnormen** so **genau** wie möglich zu **benennen** sind (nicht »§ 163b StPO«, sondern »§ 163b Abs. 1 Satz 1 StPO«).
- Bitte berücksichtigen Sie, dass neben der fachlichen Leistung auch die Gliederung und Klarheit der Darstellung sowie das Ausdrucksvermögen berücksichtigt werden.
  - Schreiben Sie also leserlich und sauber!
  - Gliedern Sie übersichtlich!
  - Halten Sie Seitenränder ein!
  - Machen Sie Absätze!
  - Machen Sie saubere und klar erkennbare Streichungen, am besten mit einem waagerechten Strich!
  - Vermeiden Sie es, den Sachverhalt unnötig zu wiederholen!
  - Setzen Sie Schwerpunkte bei der Bearbeitung!

Kapitel 2
Übungssachverhalte mit Lösungen

2.1 Fälle zur körperlichen Untersuchung

Fall 1: Körperliche Untersuchung beim Beschuldigten – § 81a Abs. 1 StPO

Sachverhalt

Sie absolvieren Ihr bahnpolizeiliches Praktikum in der BPOLI Hamburg.

Im Rahmen Ihrer Streifentätigkeit zusammen mit PHM Beier erhalten Sie von Ihrem Gruppenleiter über Funk den Auftrag, einen Streit im Eingangsbereich des Hauptbahnhofes Hamburg aufzuklären und die erforderlichen Maßnahmen vor Ort zu treffen.

Dort eskalierte soeben ein Streit zwischen zwei Reisenden. Im Verlauf der Auseinandersetzung prügelte der Täter (T) auf sein Opfer (O) ein.

Unter Anwendung von Zwang überwältigen Sie T. Nach erfolgtem Tatvorwurf der Straftat Körperverletzung gem. § 223 StGB und dazugehöriger Rechtsbehelfsbelehrung (RBB) stellen Sie zunächst seine Identität fest und durchsuchen ihn und seine mitgeführten Sachen. Nach Mitnahme zur Dienststelle stellen Sie fest, dass T vermutlich alkoholisiert ist. Ein bei T durchgeführter Atemalkoholtest ergibt 1,15 Promille Atemalkohol.

Aufgabe

Prüfen Sie die Rechtmäßigkeit der nun vordringlich gegenüber T zu veranlassenden Maßnahme (Ziffer 1 bis 3.5 des Prüfschemas)!

Lösungsvorschlag

1 Entscheidung

1.1 Entscheidung zu präventivem oder repressivem Handeln

Die Entscheidung zu präventivem oder repressivem Handeln ist zu treffen. T hat gegenüber O eine Körperverletzung begangen.

Ein Schaden ist dadurch bereits eingetreten. Es liegt eine Straftat gem. § 223 StGB vor. Eine Schadensvertiefung ist nicht möglich, da T polizeilich gestellt wurde.

Betroffene Rechtsgüter sind die Individualrechtsgüter körperliche Unversehrtheit und Gesundheit des O sowie die objektive Rechtsordnung.

Es handelt sich um eine abgeschlossene Rechtsgutverletzung. Daher ist hier ein repressives Einschreiten zur Strafverfolgung erforderlich.

1.2 Benennung der zu treffenden Maßnahme

Bei der zu veranlassenden Maßnahme könnte es sich um die Entnahme einer Blutprobe (durch einen Arzt) gem. § 81a Abs. 1, 2 StPO handeln.

2 Zuständigkeit

2.1 Sachliche Zuständigkeit

Die sachliche Zuständigkeit ergibt sich aus § 1 Abs. 1, § 12 Abs. 1 Nr. 5 BPolG i. V. m. § 163 Abs. 1 StPO i. V. m. § 58 Abs. 1 BPolG i. V. m. § 1 Abs. 1 BPolZV.

2.2 Örtliche Zuständigkeit

Die örtliche Zuständigkeit ergibt sich aus § 58 Abs. 1 BPolG i. V. m. § 2 Abs. 1 Nr. 2 BPolZV.

3 Eingriff

3.1 Befugnisnorm

Zu prüfen sind die Voraussetzungen einer Blutentnahme gem. § 81a Abs. 1, 2 StPO.

Dazu müsste T zunächst Beschuldigter sein.

Beschuldigter ist jede Person, gegen die aufgrund zureichender tatsächlicher Anhaltspunkte strafrechtlich ermittelt wird.

T hat sich der Straftat der Körperverletzung gem. § 223 StGB gegenüber O verdächtig gemacht. Aufgrund dessen wurden gegen ihn strafrechtliche Ermittlungen eingeleitet und die ersten strafprozessualen Maßnahmen getroffen.

T ist somit Beschuldigter.

Weiterhin müsste die körperliche Untersuchung (hier Blutentnahme) des T dem Untersuchungszweck dienen.

Die körperliche Untersuchung dient der Feststellung von Tatsachen, die für das Verfahren von Bedeutung sind und für deren Vorliegen bereits bestimmte Anhaltspunkte bestehen.

Der Verdacht auf Alkoholkonsum durch den T konnte sich mithilfe des durchgeführten Atemalkoholtestes bestätigen. T hat einen Atemalkohol von 1,15 Promille. Diese Tatsache ist im Rahmen der be- und entlastenden Beweisführung im Strafverfahren von Bedeutung. Eine Entnahme von Blut dient der Feststellung der Blutalkoholkonzentration. Dabei handelt es sich um eine Tatsache, die als Erkenntnisgewinn dazu dienen kann, den Umfang der Schuld des Täters festzustellen.

Somit dient die körperliche Untersuchung (hier Blutentnahme) dem Untersuchungszweck.

Somit liegen die Voraussetzungen einer Blutentnahme gem. § 81a Abs. 1 StPO vor.

Es müsste ferner eine ordnungsgemäße Anordnung für die Blutentnahme vorliegen. Die Anordnung obliegt gem. § 81a Abs. 2 StPO grds. dem Richter. Laut Sachverhalt liegt hier keine richterliche Anordnung vor.

Ausnahmsweise kann die Anordnung, bei Gefährdung des Untersuchungserfolges durch Verzögerung, auch durch die Staatsanwaltschaft und ihre Ermittlungspersonen erfolgen.

Es müsste also eine Gefährdung des Untersuchungserfolges vorliegen.

Eine Gefährdung des Untersuchungserfolges durch Verzögerung liegt dann vor, wenn eine beweiskräftige Tatsache sich mit der Zeit verändern würde, sodass eine Rekonstruktion der tatsächlichen Umstände des Tatherganges durch den zeitlichen Verzug, der durch die Einholung einer richterlichen Anordnung entstehen würde, nicht mehr möglich wäre.

T hat einen Atemalkoholwert von 1,15 Promille. Die Blutalkoholkonzentration ist unklar. Der Abbau beträgt ca. 0,1 bis 0,2 Promille pro Stunde. Die Einholung einer richterlichen Entscheidung würde einige Zeit in Anspruch nehmen. Bis dahin würde die Alkoholkonzentration im Blut durch den Körper entsprechend abgebaut, sodass sich dann ggf. nicht mehr bestimmen lässt, wie hoch der Promillewert des T bei Tatbegehung tatsächlich war. Verlässliche Angaben können nur durch eine unverzügliche Blutentnahme gewonnen werden.

Somit liegt eine Gefährdung des Untersuchungserfolges vor.

Die Anordnung müsste durch eine Ermittlungsperson der Staatsanwaltschaft erfolgen.

Ermittlungsperson der Staatsanwaltschaft ist jeder PVB, der mindestens vier Jahre im Polizeivollzugsdienst ist (vgl. § 12 Abs. 5 BPolG oder § 152 Abs. 2 GVG).

PHM Beier ist aufgrund seiner Amtsbezeichnung mindestens vier Jahre im Polizeivollzugsdienst und damit Ermittlungsperson der Staatsanwaltschaft. Er ist somit anordnungsbefugt.

Die ordnungsgemäße Anordnung des § 81a Abs. 2 StPO liegt vor.

Insgesamt sind die Voraussetzungen für eine Blutentnahme gem. § 81a Abs. 1, 2 StPO somit gegeben.

3.2 Adressat

Die Maßnahme müsste sich gegen den richtigen Adressaten richten.

Der Adressat der Blutentnahme ergibt sich aus der Befugnisnorm selbst. Hier ist es der Beschuldigte T, der somit richtiger Adressat der Maßnahme ist.

3.3 Allgemeine Rechtmäßigkeitsvoraussetzungen/Verhältnismäßigkeit

Die Blutentnahme müsste verhältnismäßig sein, *d. h. geeignet, erforderlich und angemessen.*

Die Maßnahme müsste geeignet sein.

Geeignet ist die Maßnahme, wenn sie objektiv zwecktauglich ist, das polizeiliche Ziel zu erreichen.

Das polizeiliche Ziel ist es hier, die konkrete Blutalkoholkonzentration des T für eine qualifizierte Strafverfolgung festzustellen. Die Blutentnahme ist objektiv zwecktauglich, das polizeiliche Ziel zu erreichen.

Somit ist die Maßnahme geeignet.

Die Maßnahme müsste auch erforderlich sein.

Erforderlich ist eine Maßnahme, wenn sie von mehreren möglichen und geeigneten Maßnahmen diejenige ist, die den Einzelnen und die Allgemeinheit voraussichtlich am wenigsten beeinträchtigt.

Ein milderes Mittel als die Blutentnahme des T wäre ein Atemalkoholtest. Dieser wurde bereits durchgeführt und ergab einen Wert von 1,15 Promille. Der Atemalkoholtest ist jedoch nur bedingt beweisgeeignet. Weitere mildere Maßnahmen, die gesichert das polizeiliche Ziel erreichen, sind nicht erkennbar.

Somit ist die Maßnahme auch erforderlich.

Die Maßnahme müsste auch angemessen sein.

Angemessen ist eine Maßnahme, wenn sie zu dem angestrebten Erfolg nicht erkennbar außer Verhältnis steht. Eine Rechtsgüterabwägung hat zu erfolgen.

Durch die Maßnahme wird in das Grundrecht auf Menschenwürde (Verletzung des Schamgefühls) gem. Art. 1 Abs. 1 GG, in das Grundrecht auf freie Entfaltung der Persönlichkeit gem. Art. 2 Abs. 1 GG, das Grundrecht auf körperliche Unversehrtheit gem. Art. 2 Abs. 2 GG sowie in das Grundrecht auf Freiheit der Person gem. Art. 2 Abs. 2 Satz 2 i. V. m. Art. 104 Abs. 1 GG (hier mindestens als Freiheitsbeschränkung durch das erforderliche Verbringen zur Dienststelle, ggf. Krankenhaus zur Durchführung der Blutentnahme durch einen Arzt) des T eingegriffen.

Geschützte Rechtsgüter sind hier die objektive Rechtsordnung und der Strafverfolgungsanspruch des Staates.

Ein Eingriff in das Grundrecht auf Freiheit der Person gehört zu den schwerwiegendsten Grundrechtseingriffen. Der Grundrechtseingriff in die Rechte des T ist aber zunächst nur von kurzer Dauer, hier bis zur Blutentnahme auf der Dienststelle oder ggf. im Krankenhaus.

Ebenso stellt ein Eingriff in das Recht auf Menschenwürde, hier Verletzung des Schamgefühls, einen besonders schweren Eingriff in die Grundrechte des T dar. Sofern der Eingriff (Blutentnahme) von einem Arzt nach den Regeln der ärztlichen Kunst durchgeführt wird und unter Ausschluss der Öffentlichkeit erfolgt, ist eine Verletzung der Menschenwürde nicht zu erkennen. Die Maßnahme stellt einen medizinischen Routineeingriff dar.

Der Eingriff in die Rechte des T bringt keine bleibenden Schäden für T mit sich. Durch die Blutentnahme wird dem Körper des T eine kleine Wunde zugefügt, die in der Regel schnell und unkompliziert verheilt. Die Maßnahme stellt also keinen schwerwiegenden Eingriff in das Grundrecht auf körperliche Unversehrtheit des T dar.

Zudem hat sich der T durch seine Tat selbst in die Lage gebracht. Gegen T besteht dringender Tatverdacht der Straftat Körperverletzung gem. § 223 StGB. Das Ergebnis der Blutentnahme kann ggf. entlastend in das Strafverfahren eingehen. Daher wäre die Maßnahme sogar im Interesse des T. Der Nachteil, den T erleidet, steht somit insgesamt nicht außer Verhältnis zum angestrebten Zweck der Maßnahme.

Damit ist die Maßnahme auch angemessen.

Die Maßnahme ist insgesamt verhältnismäßig.

3.4 Besondere gesetzliche Pflichten/Formvorschriften

- Blutentnahme nur durch einen Arzt gem. § 81a Abs. 1 StPO,
- keine Verletzung des Scham- und Ehrgefühls gem. § 81d StPO,
- Zweckbindung gem. § 81a Abs. 3 StPO.

3.5 Feststellung der Rechtmäßigkeit der Maßnahme

Insgesamt ist die Entnahme einer Blutprobe (durch einen Arzt) gem. § 81a Abs. 1, 2 StPO rechtmäßig.

Fall 2: Körperliche Untersuchung beim Zeugen – § 81c Abs. 1, 5 StPO

Sachverhalt

Sie sind im Rahmen Ihres bahnpolizeilichen Praktikums in der BPOLI Hamburg eingesetzt.

Im Rahmen Ihrer Streifentätigkeit zusammen mit PHM Beier erhalten Sie von Ihrem Gruppenleiter über Funk den Auftrag, einen Streit im Eingangsbereich des Hauptbahnhofes Hamburg aufzuklären und die erforderlichen Maßnahmen vor Ort zu treffen.

Dort eskalierte soeben ein Streit zwischen zwei Reisenden. Im Verlauf der Auseinandersetzung prügelte der Täter (T) auf sein Opfer (O) ein und verletzt dieses.

Sie eröffnen dem T den Tatvorwurf der Körperverletzung gem. § 223 StGB und belehren ihn über seine Rechte. Anschließend stellen Sie die Identität von T und O fest und befragen beide zum Tathergang.

Anschließend wird der verletzte O ins nächste Krankenhaus gebracht.

Aufgabe

Prüfen Sie die Rechtmäßigkeit der nun vordringlich gegenüber O zu veranlassenden Maßnahme (Ziffer 1 bis 3.5 des Prüfschemas)!

Lösungsvorschlag

1 Entscheidung
1.2 Entscheidung zu präventivem oder repressivem Handeln

Die Entscheidung zu präventivem oder repressivem Handeln ist zu treffen. T hat gegenüber O eine Körperverletzung begangen.

Ein Schaden ist dadurch bereits eingetreten. Es liegt eine Straftat gem. § 223 StGB vor. Eine Schadensvertiefung ist nicht möglich, da T polizeilich gestellt wurde.

Betroffene Rechtsgüter sind die Individualrechtsgüter auf körperliche Unversehrtheit und Gesundheit des O sowie die objektive Rechtsordnung.

Es handelt sich um eine abgeschlossene Rechtsgutverletzung. Daher ist repressives Handeln zur Strafverfolgung erforderlich.

1.2 Benennung der zu treffenden Maßnahme

Bei der nun zu veranlassenden Maßnahme könnte es sich um die körperliche Untersuchung von Zeugen gem. § 81c Abs. 1, 5 StPO handeln.

2 Zuständigkeit
2.1 Sachliche Zuständigkeit

Die sachliche Zuständigkeit ergibt sich aus § 1 Abs. 2, § 12 Abs. 1 Nr. 5 BPolG i. V. m. § 163 Abs. 1 StPO i. V. m. § 58 Abs. 1 BPolG i. V. m. § 1 Abs. 1 BPolZV.

2.2 Örtliche Zuständigkeit

Die örtliche Zuständigkeit ergibt sich aus § 58 Abs. 1 BPolG i. V. m. § 2 Abs. 1 Nr. 2 BPolZV.

3 Eingriff
3.1 Befugnisnorm

Zu prüfen sind die Voraussetzungen einer körperlichen Untersuchung von Zeugen gem. § 81c Abs. 1, 5 StPO.

Zunächst müsste ein Straftatverdacht vorliegen.

Das heißt, es liegen tatsächliche Anhaltspunkte dafür vor, dass eine verfolgbare Straftat begangen wurde.

Ein sog. Anfangsverdacht gem. § 152 Abs. 2 StPO der Straftat Körperverletzung gem. § 223 StGB liegt vor.

Somit liegt ein Straftatverdacht vor.

Ferner müsste sich die Maßnahme gegen eine andere Person als den Beschuldigten richten.

Das sind alle Personen, die nicht zu den Beschuldigten i. S. d. § 81a StPO gehören.

Der O ist das Opfer der Tat. Er ist somit Zeuge und nicht Beschuldigter der Tat. Dies ist der T.

Somit richtet sich die Maßnahme gegen eine andere Person als den Beschuldigten.

Weiterhin müsste die körperliche Untersuchung des O dem Spuren- und Zeugengrundsatz dienen.

Hierfür müssen bestimmte tatsächliche Anhaltspunkte dafür bestehen, dass sich am Körper des Zeugen eine bestimmte Spur oder Folge einer Straftat befindet, deren Feststellung für die Wahrheitsfindung dienlich ist.

Der O ist Opfer der Straftat Körperverletzung geworden. An seinem Körper lassen sich demnach Spuren der Tat feststellen, insbesondere Spuren auf der Körperoberfläche, wie z. B. Hämatome und weitere Verletzungen. Die Maßnahme dient der Erforschung des Sachverhaltes.

Somit dient die körperliche Untersuchung des O dem Spuren- und Zeugengrundsatz.

Somit liegen die Voraussetzungen einer körperlichen Untersuchung von Zeugen gem. § 81c Abs. 1 StPO vor.

Es müsste ferner eine ordnungsgemäße Anordnung für die Untersuchung vorliegen. Die Anordnung obliegt gem. § 81c Abs. 5 StPO grds. dem Gericht. Laut Sachverhalt liegt hier keine gerichtliche Anordnung vor.

Ausnahmsweise kann sie bei Gefährdung des Untersuchungserfolges durch Verzögerung auch durch die Staatsanwaltschaft und ihre Ermittlungspersonen erfolgen.

Es müsste also eine Gefährdung des Untersuchungserfolges vorliegen.

Eine Gefährdung des Untersuchungserfolges durch Verzögerung liegt dann vor, wenn eine beweiskräftige Tatsache sich mit der Zeit verändern würde, sodass eine Rekonstruktion der tatsächlichen Umstände des Tatherganges durch den zeitlichen Verzug, der durch die Einholung einer richterlichen Anordnung entstehen würde, nicht mehr möglich wäre.

Der O hat Verletzungen in Folge der Körperverletzung erlitten. Die Einholung einer gerichtlichen Entscheidung würde einige Zeit in Anspruch nehmen. Bis dahin würden die Verletzungen des O möglicherweise bereits verheilt oder die Spurenlage durch die Behandlung im Krankenhaus verändert worden sein, sodass sich dann nur noch schwer bestimmen lässt, wie schwer die Verletzungen des O unmittelbar nach der Tat tatsächlich waren. Verlässliche Angaben können nur durch eine unverzügliche körperliche Untersuchung gewonnen werden.

Somit liegt eine Gefährdung des Untersuchungserfolges vor.

Es müsste sich beim Anordnenden um eine Ermittlungsperson der Staatsanwaltschaft handeln.

Ermittlungsperson der Staatsanwaltschaft ist jeder PVB, der mindestens vier Jahre im Polizeivollzugsdienst ist (vgl. § 12 Abs. 5 BPolG oder § 152 Abs. 2 GVG).

PHM Beier ist aufgrund seiner Amtsbezeichnung mindestens vier Jahre im Polizeivollzugsdienst und damit Ermittlungsperson der Staatsanwaltschaft. Er ist somit anordnungsbefugt.

Die ordnungsgemäße Anordnung des § 81c Abs. 5 StPO liegt vor.

Insgesamt sind die Voraussetzungen für eine körperliche Untersuchung gem. § 81c Abs. 1, 5 StPO somit gegeben.

3.2 Adressat

Die Maßnahme müsste sich gegen den richtigen Adressaten richten.

Der Adressat der körperlichen Untersuchung von Zeugen ergibt sich aus der Befugnisnorm selbst. Hier ist es der Zeuge und zgl. Opfer O, der richtige Adressat der Maßnahme ist.

3.3 Allgemeine Rechtmäßigkeitsvoraussetzungen/Verhältnismäßigkeit

Die körperliche Untersuchung des Zeugen müsste verhältnismäßig sein, *d. h. geeignet, erforderlich und angemessen.*

Die Maßnahme müsste geeignet sein.

Geeignet ist die Maßnahme, wenn sie objektiv zwecktauglich ist, das polizeiliche Ziel zu erreichen.

Das polizeiliche Ziel ist es hier, Spuren als Folge der Tat u. a. auf der Körperoberfläche des O festzustellen. Die körperliche Untersuchung ist objektiv zwecktauglich, das polizeiliche Ziel zu erreichen.

Somit ist die Maßnahme geeignet.

Die Maßnahme müsste auch erforderlich sein.

Erforderlich ist eine Maßnahme, wenn sie von mehreren möglichen und geeigneten Maßnahmen diejenige ist, die den Einzelnen und die Allgemeinheit voraussichtlich am wenigsten beeinträchtigt.

Mildere Maßnahmen wären eine Befragung des Opfers nach seinen Verletzungen bzw. eine Inaugenscheinnahme der Körperoberfläche. Allerdings kann dadurch das polizeiliche Ziel nicht gesichert erreicht werden. Ein milderes Mittel als die körperliche Untersuchung ist nicht erkennbar.

Somit ist die Maßnahme auch erforderlich.

Die Maßnahme müsste auch angemessen sein.

Angemessen ist eine Maßnahme, wenn sie zu dem angestrebten Erfolg nicht erkennbar außer Verhältnis steht. Eine Rechtsgüterabwägung hat zu erfolgen.

Durch die Maßnahme wird in das Grundrecht auf Menschenwürde (Verletzung des Schamgefühls) gem. Art. 1 Abs. 1 GG, in das Grundrecht auf freie Entfaltung der Persönlichkeit gem. Art. 2 Abs. 1 GG, das Grundrecht auf körperliche Unversehrtheit gem. Art. 2 Abs. 2 GG sowie in das Grundrecht auf Freiheit der Person gem. Art. 2 Abs. 2 Satz 2 i. V. m. Art. 104 Abs. 1 GG (hier als Freiheitsbeschränkung durch das erforderliche Verbringen zum Krankenhaus zur Durchführung der körperlichen Untersuchung durch einen Arzt) des O eingegriffen.

Geschützte Rechtsgüter sind die objektive Rechtsordnung und der Strafverfolgungsanspruch des Staates.

Ein Eingriff in das Grundrecht auf Freiheit der Person gehört zu den schwerwiegendsten Grundrechtseingriffen. Der Grundrechtseingriff in die Rechte des O ist aber zunächst nur von kurzer Dauer, hier bis zur Beendigung der körperlichen Untersuchung im Krankenhaus.

Ebenso stellt ein Eingriff in das Recht auf Menschenwürde, hier Verletzung des Scham- und Ehrgefühls, einen besonders schweren Eingriff in die Grundrechte des O dar. Sofern die körperliche Untersuchung von einem Arzt nach den Regeln der ärztlichen Kunst durchgeführt wird und unter Ausschluss der Öffentlichkeit erfolgt, ist eine Verletzung der Menschenwürde nicht zu erkennen. Der Eingriff in die Rechte des O bringt keine bleibenden Schäden für O mit sich. Die Maßnahme stellt also keinen schwerwiegenden Eingriff in das Grundrecht auf körperliche Unversehrtheit des O dar.

Das Ergebnis der körperlichen Untersuchung geht in das Strafverfahren gegen den T ein. Die Maßnahme ist im Interesse des O. Der Nachteil, den O erleidet, steht somit insgesamt nicht außer Verhältnis zum angestrebten Zweck (Strafverfolgungsanspruch des Staates) der Maßnahme.

Damit ist die Maßnahme auch angemessen.

Die Maßnahme ist insgesamt verhältnismäßig.

3.4 Besondere gesetzliche Pflichten/Formvorschriften

- Körperliche Untersuchung darf aus den gleichen Gründen wie das Zeugnis verweigert werden gem. § 81c Abs. 3 StPO,
- Beachtung des Grundsatzes der Zumutbarkeit gem. § 81c Abs. 4 StPO,
- körperliche Eingriffe und Blutentnahmen dürfen nur durch einen Arzt nach den Regeln der ärztlichen Kunst zu Untersuchungszwecken durchgeführt werden gem. § 81a Abs. 1 StPO,

- keine Verletzung des Schamgefühls gem. § 81d StPO,
- Zweckbindung gem. § 81a Abs. 3 StPO gilt entsprechend gem. § 81c Abs. 5 Satz 2 StPO,
- Anordnung der Zwangsanwendung durch den Richter gem. § 81a Abs. 6 StPO (zunächst Ordnungsgeld, unmittelbarer Zwang nur, wenn das Ordnungsgeld nicht zum Erfolg führte und Gefahr im Verzug vorliegt).

3.5 Feststellung der Rechtmäßigkeit der Maßnahme

Insgesamt ist die körperliche Untersuchung gem. § 81c Abs. 1, 5 StPO rechtmäßig.

2.2 Fälle zur erkennungsdienstlichen Behandlung

Fall 3: Erkennungsdienstliche Behandlung – § 81b 1. Alt. StPO

Sachverhalt

Sie sind im Rahmen Ihres bahnpolizeilichen Praktikums in der BPOLI Hamburg eingesetzt. Zusammen mit PHM Beier haben Sie den Auftrag zur Überwachung des Hamburger Hauptbahnhofes.

Während Ihrer Streifentätigkeit hören Sie plötzlich ein lautes Poltern, das aus Richtung der Gepäckschließfächer kommt. Sofort antretend erreichen Sie die Gepäckschließfächer. Dort angekommen sehen Sie, wie eine männliche Person (A) einen dort vormals eingeschlossenen Rucksack entnimmt. Neben dem A liegt ein Brecheisen auf dem Boden. Nach erfolgter Befragung stellt sich heraus, dass A nicht Eigentümer des Rucksacks ist und das Gepäckschließfach auch nicht angemietet hat. Vermutlich hat er versucht, sich schnell und einfach zu bereichern.

Sie eröffnen A den Tatvorwurf der Straftat des besonders schweren Falls des Diebstahls gem. § 243 StGB und belehren ihn über seine Rechte. A händigt sein Personaldokument zunächst nicht aus. Daraufhin durchsuchen Sie ihn nach Ausweisdokumenten und finden einen Personalausweis. Eine fahndungsmäßige Überprüfung des A verläuft negativ. Das Brecheisen und den Rucksack beschlagnahmen Sie als Beweismittel.

A gibt an, mit dem Aufbruch nichts zu tun zu haben. Auch sei das nicht sein Brecheisen. Seine Aussagen sind wenig überzeugend.

Aufgabe

Prüfen Sie die Rechtmäßigkeit der nun zu treffenden verfahrenssichernden Maßnahme gegenüber A (Ziffer 1.1 bis 3.5 des Prüfschemas)!

Lösungsvorschlag

1 Entscheidung

1.1 Entscheidung zu präventivem oder repressivem Handeln

Die Entscheidung zu präventivem oder repressivem Handeln ist zu treffen. A hat vermutlich ein Gepäckschließfach aufgebrochen. Ein Schaden ist dadurch bereits eingetreten. Es kam zu einer Straftat des besonders schweren Falls des Diebstahls gem. § 243 StGB.

Die Person A ist gestellt. Somit ist eine Schadensvertiefung nicht mehr möglich.

Betroffen sind die Rechtsgüter der öffentlichen Sicherheit, hier die objektive Rechtsordnung und die Rechtsgüter auf Eigentum der DB AG sowie des Eigentümers des Rucksackes.

Es handelt sich um eine abgeschlossene Rechtsgutverletzung. Daher ist repressives Handeln erforderlich.

1.2 Benennung der zu treffenden Maßnahme

Bei der nun zu treffenden Maßnahme könnte es sich um eine ED-Behandlung des A gem. § 81b 1. Alt. StPO handeln.

2 Zuständigkeit

2.1 Sachliche Zuständigkeit

Die sachliche Zuständigkeit ergibt sich aus § 1 Abs. 2, § 12 Abs. 1 Nr. 5 BPolG i. V. m. § 163 Abs. 1 StPO i. V. m. § 58 Abs. 1 BPolG i. V. m. § 1 Abs. 1 BPolZV.

2.2 Örtliche Zuständigkeit

Die örtliche Zuständigkeit ergibt sich aus § 58 Abs. 1 BPolG i. V. m. § 2 Abs. 1 Nr. 2 BPolZV.

3 Eingriff

3.1 Befugnisnorm

Es müssten die gesetzlichen Voraussetzungen für eine ED-Behandlung gem. § 81b 1. Alt. StPO vorliegen.

Dazu müsste A zunächst Beschuldigter sein.

Beschuldigter ist jede Person, gegen die aufgrund zureichender tatsächlicher Anhaltspunkte strafrechtlich ermittelt wird.

A hat sich der Straftat des besonders schweren Falls des Diebstahls gem. § 243 StGB verdächtig gemacht. Aufgrund dessen wurden gegen ihn strafrechtliche Ermittlungen eingeleitet und erste strafprozessuale Maßnahmen getroffen.

A ist somit Beschuldigter.

Die ED-Behandlung müsste zur Durchführung des Strafverfahrens notwendig sein.

Die ED-Behandlung ist zur Durchführung des Strafverfahrens notwendig, wenn sie erforderlich ist, um die Täterschaft oder die Teilnahme zu beweisen.

Die ED-Behandlung dient dazu, die Beweiskette im Strafverfahren zu schließen und somit die Tat dem A als Täter gerichtsverwertbar zuzuordnen, da A nicht geständig ist. Ihr Zweck ist es insbesondere, die beschuldigte Person A im laufenden Strafverfahren bzgl. des Tatwerkzeuges zu be- oder entlasten.

Die ED-Behandlung ist somit zur Durchführung des Strafverfahrens notwendig.

Insgesamt sind die Voraussetzungen für eine ED-Behandlung gem. § 81b 1. Alt. StPO gegeben.

3.2 Adressat

Die Maßnahme müsste sich gegen den richtigen Adressaten richten. Der Adressat ergibt sich aus der Befugnis selbst, hier ist es der A als Beschuldigter. A ist somit richtiger Adressat der Maßnahme.

3.3 Allgemeine Rechtmäßigkeitsvoraussetzungen/Verhältnismäßigkeit

Die ED-Behandlung müsste verhältnismäßig sein.

Das ist sie, wenn sie geeignet, erforderlich und angemessen ist.

Dazu müsste die Maßnahme zunächst geeignet sein.

Die Maßnahme ist geeignet, wenn sie objektiv zwecktauglich ist, das polizeiliche Ziel zu erreichen.

Polizeiliches Ziel ist es, eine qualifizierte Strafverfolgung zu gewährleisten und den Strafverfolgungsanspruch des Staates durchzusetzen. Durch Abgleich seiner Fingerabdrücke mit den Tatortspuren (z. B. auf dem Brecheisen) könnte die Beweiskette geschlossen werden. Die ED-Behandlung des A ist objektiv zwecktauglich, das polizeiliche Ziel zu erreichen.

Die Maßnahme ist somit geeignet.

Die Maßnahme müsste auch erforderlich sein.

Erforderlich ist die Maßnahme, wenn sie von mehreren möglichen und geeigneten Maßnahmen diejenige ist, die den Einzelnen und die Allgemeinheit voraussichtlich am wenigsten beeinträchtigt.

Alternativ wäre eine Vernehmung des A als mögliche mildere Maßnahme denkbar. A muss sich im Strafverfahren jedoch nicht selbst belasten und hat die Tat bisher geleugnet. Der Zweck, insbesondere die beschuldigte

Person A im laufenden Strafverfahren zu be- oder entlasten, kann dadurch nicht sicher erreicht werden. Die ED-Behandlung ist die mildeste, geeignete Maßnahme, das polizeiliche Ziel zu erreichen.

Somit ist die geeignete Maßnahme auch erforderlich.

Die Maßnahme müsste auch angemessen sein.

Angemessen ist eine Maßnahme, wenn sie zu dem angestrebten Erfolg nicht erkennbar außer Verhältnis steht. Es hat eine Rechtsgüterabwägung zu erfolgen.

Die zu schützenden Rechtsgüter sind hier insbesondere der Strafverfolgungsanspruch des Staates.

Dem gegenüber stehen das Grundrecht des A auf allgemeine Handlungsfreiheit gem. Art. 2 Abs. 1 GG und das Grundrecht auf Freiheit der Person, hier als Freiheitsbeschränkung durch das Verbringen des A zur Dienststelle zur Durchführung einer ED-Behandlung, gem. Art. 2 Abs. 1 i. V. m. Art. 104 Abs. 1 GG.

Die kurzfristige Beeinträchtigung der Bewegungsfreiheit sowie der Eingriff in das Recht auf freie Entfaltung der Persönlichkeit stellen gegenüber der Sicherung des Strafverfahrens keine unverhältnismäßigen Eingriffe dar. Das zu schützende Rechtsgut überwiegt in der Wertigkeit die einzuschränkenden Grundrechte.

Somit ist die Maßnahme auch angemessen.

Die Maßnahme ist insgesamt verhältnismäßig.

3.4 Besondere gesetzliche Pflichten/Formvorschriften

Die Anordnung der ED-Behandlung unterliegt keiner förmlichen Beschränkung. Sie darf durch jeden Polizeibeamten angeordnet werden.

3.5 Feststellung der Rechtmäßigkeit der Maßnahme

Die ED-Behandlung des A gem. § 81b 1. Alt. StPO ist im Ergebnis rechtmäßig.

Fall 4: Erkennungsdienstliche Behandlung – § 81b 1. Alt. StPO

Sachverhalt

Sie sind im Rahmen Ihres bahnpolizeilichen Praktikums in der BPOLI Hamburg eingesetzt. Zusammen mit PHM Beier haben Sie in der Nachtschicht den Auftrag zur Überwachung des Güterbahnhofes Maschen.

Während Ihrer Streifentätigkeit hören Sie plötzlich das Klappern einer Dose und Sprühgeräusche, die aus Richtung der abgestellten Güterwaggons kommen. Sie begeben sich sofort antretend in die Richtung der Geräusche und sehen, wie eine dunkel gekleidete, männliche Person mithilfe einer Farbsprühdose soeben ein großflächiges Graffiti an einem abgestellten Güterwaggon anbringt. Die Person bemerkt Sie und flüchtet vom Tatort. Dabei wirft sie die Farbsprühdose weg.

Sie lösen sofort eine Tatortbereichsfahndung über Funk aus und stellen die Farbsprühdose am Tatort sicher.

Einer hinzugezogenen Streife der BPOL gelingt es, im Nahbereich des Tatortes eine Person, auf die die Täterbeschreibung passt, zu stellen. Der Person (A) wird der Tatvorwurf der Straftat der Sachbeschädigung gem. § 303 StGB eröffnet und sie wird über ihre Rechte belehrt. Die Person händigt ein Personaldokument aus. Die Durchsuchung der Person und der mitgeführten Sachen zur Eigensicherung und zum Auffinden von Beweismitteln verläuft negativ. Die Person leugnet die Tat.

Aufgabe

Prüfen Sie die Rechtmäßigkeit der nun zu treffenden verfahrenssichernden Maßnahme gegenüber A (Ziffer 1.1 bis 3.5 des Prüfschemas)!

Lösungsvorschlag

1 Entscheidung

1.1 Entscheidung zu präventivem oder repressivem Handeln

Die Entscheidung zu präventivem oder repressivem Handeln ist zu treffen. Ein Güterwaggon wurde großflächig mit einem Graffiti besprüht. Ein Schaden ist dadurch bereits eingetreten. Es wurde eine Straftat, hier Sachbeschädigung gem. § 303 StGB, begangen.

Der Täter ist geflüchtet. Ein Verdächtiger konnte gestellt werden. Somit ist eine Schadensvertiefung nicht mehr möglich.

Betroffen sind die Rechtsgüter der öffentlichen Sicherheit, hier die objektive Rechtsordnung und das Individualrechtsgut auf Eigentum der DB AG.

Es handelt sich um eine abgeschlossene Rechtsgutverletzung. Repressives Handeln zur Strafverfolgung ist erforderlich.

1.2 Benennung der zu treffenden Maßnahme

Bei der nun zu treffenden Maßnahme könnte es sich um eine erkennungsdienstliche Behandlung (ED-Behandlung) des A gem. § 81b 1. Alt. StPO handeln.

2 Zuständigkeit

2.1 Sachliche Zuständigkeit

Die sachliche Zuständigkeit ergibt sich aus § 1 Abs. 2, § 12 Abs. 1 Nr. 5 BPolG i. V. m. § 163 Abs. 1 StPO i. V. m. § 58 Abs. 1 BPolG i. V. m. § 1 Abs. 1 BPolZV.

2.2 Örtliche Zuständigkeit

Die örtliche Zuständigkeit ergibt sich aus § 58 Abs. 1 BPolG i. V. m. § 2 Abs. 1 Nr. 2 BPolZV.

3 Eingriff

3.1 Befugnisnorm

Es müssten die gesetzlichen Voraussetzungen für eine ED-Behandlung gem. § 81b 1. Alt. StPO vorliegen.

Dazu müsste A zunächst Beschuldigter sein.

Beschuldigter ist jede Person, gegen die aufgrund zureichender tatsächlicher Anhaltspunkte strafrechtlich ermittelt wird.

A hat sich der Straftat der Sachbeschädigung gem. § 303 StGB verdächtig gemacht. Aufgrund dessen wurden gegen ihn strafrechtliche Ermittlungen eingeleitet und erste strafprozessuale Maßnahmen getroffen.

A ist somit Beschuldigter.

Die ED-Behandlung müsste gem. § 81a 1. Alt StPO zur Durchführung des Strafverfahrens notwendig sein.

Die ED-Behandlung ist zur Durchführung des Strafverfahrens notwendig, wenn sie erforderlich ist, um die Täterschaft oder die Teilnahme zu beweisen.

Der Täter konnte vom Tatort fliehen. Die Farbsprühdose wurde am Tatort zurückgelassen. Eine Person, auf die die Beschreibung des Täters passt, wurde im Nahbereich des Tatortes gestellt, leugnet aber die Tat. Auf der Farbsprühdose können sich insbesondere Fingerabdrücke vom Täter befinden. Die ED-Behandlung dient dazu, die Beweiskette im Strafverfahren zu schließen und somit die Tat dem A als Täter gerichtsverwertbar zuzuordnen. Ihr Zweck ist es insbesondere, die beschuldigte Person A anhand von Beweisen im laufenden Strafverfahren bzgl. des Tatwerkzeuges zu be- oder entlasten.

Die ED-Behandlung ist somit zur Durchführung des Strafverfahrens notwendig.

Insgesamt sind die Voraussetzungen für eine ED-Behandlung § 81b 1. Alt. StPO gegeben.

3.2 Adressat

Die Maßnahme müsste sich gegen den richtigen Adressaten richten. Der Adressat ergibt sich aus der Befugnis selbst, hier ist es der A als Beschuldigter. A ist somit richtiger Adressat der Maßnahme.

3.3 Allgemeine Rechtmäßigkeitsvoraussetzungen/Verhältnismäßigkeit

Die ED-Behandlung müsste verhältnismäßig sein.

Das ist sie, wenn sie geeignet, erforderlich und angemessen ist.

Dazu müsste die Maßnahme zunächst geeignet sein.

Die Maßnahme ist geeignet, wenn sie objektiv zwecktauglich ist, das polizeiliche Ziel zu erreichen.

Polizeiliches Ziel ist es, eine qualifizierte Strafverfolgung zu gewährleisten und den Strafverfolgungsanspruch des Staates durchzusetzen. Durch Abgleich der Fingerabdrücke des A mit den Spuren auf der Farbsprühdose könnte die Beweiskette geschlossen und der Beweis über die Täterschaft des A erbracht werden.

Die ED-Behandlung des A ist objektiv zwecktauglich, das polizeiliche Ziel zu erreichen.

Die Maßnahme ist somit geeignet.

Die Maßnahme müsste auch erforderlich sein.

Erforderlich ist die Maßnahme, wenn sie von mehreren möglichen und geeigneten Maßnahmen diejenige ist, die den Einzelnen und die Allgemeinheit voraussichtlich am wenigsten beeinträchtigt.

Alternativ wäre eine Vernehmung des A als mögliche mildere Maßnahme denkbar. A muss sich im Strafverfahren jedoch nicht selbst belasten und leugnet nach wie vor die Tat. Das polizeiliche Ziel kann dadurch nicht sicher erreicht werden. Die ED-Behandlung ist die mildeste, geeignete Maßnahme, das polizeiliche Ziel zu erreichen.

Somit ist die geeignete Maßnahme auch erforderlich.

Die Maßnahme müsste auch angemessen sein.

Angemessen ist eine Maßnahme, wenn sie zu dem angestrebten Erfolg nicht erkennbar außer Verhältnis steht. Es hat eine Rechtsgüterabwägung zu erfolgen.

Die zu schützenden Rechtsgüter sind hier insbesondere der Strafverfolgungsanspruch des Staates.

Dem gegenüber stehen das Grundrecht auf allgemeine Handlungsfreiheit gem. Art. 2 Abs. 1 GG, das Grundrecht auf informationelle Selbstbestimmung gem. Art. 2 Abs. 1 i. V. m. Art. 1 Abs. 1 GG und das Grundrecht auf Freiheit der Person, hier als Freiheitsbeschränkung durch das Verbringen des A zur Dienststelle zur Durchführung einer ED-Behandlung, gem. Art. 2 Abs. 1 i. V. m. Art. 104 Abs. 1 GG.

Die kurzfristige Beeinträchtigung der Bewegungsfreiheit sowie der Eingriff in das Recht auf freie Entfaltung der Persönlichkeit stellen gegenüber der Sicherung des Strafverfahrens keinen unverhältnismäßigen Eingriff dar. Die Maßnahme kann A im Strafverfahren ggf. entlasten, wäre somit in seinem Interesse. Das zu schützende Rechtsgut überwiegt in der Wertigkeit die einzuschränkenden Grundrechte.

Somit ist die Maßnahme auch angemessen.

Die Maßnahme ist insgesamt verhältnismäßig.

3.4 Besondere gesetzliche Pflichten/Formvorschriften

Die Anordnung der ED-Behandlung unterliegt keiner förmlichen Beschränkung. Sie darf durch jeden Polizeibeamten angeordnet werden.

3.5 Feststellung der Rechtmäßigkeit der Maßnahme

Die ED-Behandlung des A gem. § 81b 1. Alt. StPO ist im Ergebnis rechtmäßig.

Fall 5: Erkennungsdienstliche Behandlung – § 81b 2. Alt. StPO

Sachverhalt

Sie sind im Rahmen Ihres bahnpolizeilichen Praktikums in der BPOLI Hamburg eingesetzt. Aus der allgemeinen Lage wissen Sie, dass es in der Vergangenheit vornehmlich in den Abend- und Nachtstunden zu Graffitistraftaten an abgestellten Güterzügen zum Nachteil der DB AG gekommen ist.

Die Täter nutzen den Schutz der Dunkelheit und die Abgelegenheit des Güterbahnhofes, um in Ruhe ihre »Kunstwerke« zu fertigen.

Zusammen mit PHM Beier haben Sie daher in der Nachtschicht den Auftrag zur Überwachung des Güterbahnhofes Maschen.

Während Ihrer Streifentätigkeit hören Sie plötzlich das Klappern einer Dose und Sprühgeräusche, die aus Richtung eines abgestellten Güterwaggons kommen. Sie begeben sich sofort antretend in die Richtung der Geräusche und sehen, wie eine dunkel gekleidete, männliche Person (A) mithilfe einer Farbsprühdose soeben ein großflächiges »Kunstwerk« (Graffiti) an einem abgestellten Güterwaggon anbringt.

Sie stellen A auf frischer Tat. Nach erfolgter Befragung stellt sich heraus, dass A keine Berechtigung zum Aufenthalt auf dem Bahngelände und zum »Verschönern« der Güterzüge hat.

Sie eröffnen A den Tatvorwurf der Straftat der Sachbeschädigung gem. § 303 StGB und belehren ihn über seine Rechte. A händigt sein Personaldokument aus. Eine fahndungsmäßige Überprüfung des A verläuft positiv. A hat in der Vergangenheit schon mehrfach gleichartige Sachbeschädigungsdelikte begangen. Eine erkennungsdienstliche Behandlung des A ist bisher noch nicht erfolgt. Eine Durchsuchung der Person des A und seiner mitgeführten Sachen zur Eigensicherung und zum Auffinden von Beweismitteln verläuft negativ. Die Sprühdose beschlagnahmen Sie als Beweismittel, da A sie nicht freiwillig herausgibt.

Aufgabe

Prüfen Sie die Rechtmäßigkeit der nun zu treffenden Maßnahme gegenüber A (Ziffer 1.1 bis 3.5 des Prüfschemas)!

Lösungsvorschlag

1 Entscheidung

1.1 Entscheidung zu präventivem oder repressivem Handeln

Die Entscheidung zu präventivem oder repressivem Handeln ist zu treffen. A hat einen Güterwaggon großflächig mit einem Graffiti besprüht. Ein Schaden ist dadurch bereits eingetreten. Es kam zu einer Straftat der Sachbeschädigung gem. § 303 StGB.

Die Person A ist gestellt. Somit ist eine Schadensvertiefung nicht mehr möglich. Es ist aber nicht auszuschließen, dass A in Zukunft weitere Straftaten dieser Art begeht.

Betroffen sind die Rechtsgüter der öffentlichen Sicherheit, hier die objektive Rechtsordnung und das Individualrechtsgut auf Eigentum der DB AG.

Es handelt sich in diesem Fall um eine bevorstehende Rechtsgutverletzung. Daher ist präventives Handeln erforderlich.

1.2 Benennung der zu treffenden Maßnahme

Bei der nun zu treffenden Maßnahme könnte es sich um eine erkennungsdienstliche Behandlung (ED-Behandlung) des A gem. § 81b 2. Alt. StPO handeln.

2 Zuständigkeit

2.1 Sachliche Zuständigkeit

Die sachliche Zuständigkeit ergibt sich aus § 1 Abs. 2, § 3 Abs. 1 Nr. 1 i. V. m. § 58 Abs. 1 BPolG i. V. m. § 1 Abs. 1 BPolZV.

2.2 Örtliche Zuständigkeit

Die örtliche Zuständigkeit ergibt sich aus § 58 Abs. 1 BPolG i. V. m. § 2 Abs. 1 Nr. 2 BPolZV.

3 Eingriff

3.1 Befugnisnorm

Es müssten die gesetzlichen Voraussetzungen für eine ED-Behandlung gem. § 81b 2. Alt. StPO vorliegen.

Dazu müsste A zunächst Beschuldigter sein.

Beschuldigter ist jede Person, gegen die aufgrund zureichender tatsächlicher Anhaltspunkte strafrechtlich ermittelt wird.

A hat sich der Straftat der Sachbeschädigung gem. § 303 StGB verdächtig gemacht. Aufgrund dessen wurden gegen ihn strafrechtliche Ermittlungen eingeleitet und strafprozessuale Maßnahmen getroffen.

A ist somit Beschuldigter.

Weiterhin könnte die ED-Behandlung gem. § 81a 2. Alt. StPO notwendig für die Zwecke des Erkennungsdienstes sein.

Die Notwendigkeit für die Zwecke des Erkennungsdienstes liegt dann vor, wenn aufgrund der Tatbegehung in Verbindung mit kriminalistischen Erfahrungswerten die Wahrscheinlichkeit besteht, dass der Beschuldigte als Täter oder Teilnehmer bereits begangener oder zukünftiger Straftaten infrage kommt.

Die ED-Behandlung dient der vorsorglichen Bereitstellung von sächlichen Hilfsmitteln, insbesondere von Vergleichsmaterial, für die Erforschung und Aufklärung von Straftaten. Graffitistraftaten werden häufig von gewohnheitsmäßig handelnden Tätern begangen. A ist Wiederholungstäter. Es ist nicht auszuschließen, dass er weitere Straftaten dieser Art in Zukunft begehen wird. Eine ED-Behandlung des A wurde noch nicht durchgeführt. Ein Erfassen von Vergleichsmaterial im Rahmen der ED-Behandlung kann der Aufklärung zukünftiger Straftaten durch Spurenvergleich dienen.

Somit ist die ED-Behandlung notwendig für die Zwecke des Erkennungsdienstes.

Insgesamt sind die Voraussetzungen für eine ED-Behandlung gem. § 81b 2. Alt. StPO gegeben.

3.2 Adressat

Die Maßnahme müsste sich gegen den richtigen Adressaten richten. Der Adressat ergibt sich aus der Befugnis selbst, hier ist es der A als Beschuldigter. A ist somit richtiger Adressat der Maßnahme.

3.3 Allgemeine Rechtmäßigkeitsvoraussetzungen/Verhältnismäßigkeit

Die ED-Behandlung müsste verhältnismäßig sein.

Das ist sie, wenn sie geeignet, erforderlich und angemessen ist.

Dazu müsste die Maßnahme zunächst geeignet sein.

Die Maßnahme ist geeignet, wenn sie objektiv zwecktauglich ist, das polizeiliche Ziel zu erreichen.

Polizeiliches Ziel ist es, eine qualifizierte Strafverfolgung zu gewährleisten und den Strafverfolgungsanspruch des Staates durchzusetzen sowie die Erforschung und Aufklärung von zukünftigen Straftaten durch Spurenvergleich zu ermöglichen. Im Vordergrund steht hier das Erheben von Vergleichsmaterial im Rahmen der Gefahrenvorsorge im Sinne einer Strafverfolgungsvorsorge. Durch Abgleich der Fingerabdrücke mit zukünftigen Tatortspuren könnte die Beweiskette geschlossen sowie der Täter von der Begehung weiterer Taten abgeschreckt werden. Die ED-Behandlung des A ist objektiv zwecktauglich, das polizeiliche Ziel zu erreichen.

Die Maßnahme ist somit geeignet.

Die Maßnahme müsste auch erforderlich sein.

Erforderlich ist die Maßnahme, wenn sie von mehreren möglichen und geeigneten Maßnahmen diejenige ist, die den Einzelnen und die Allgemeinheit voraussichtlich am wenigsten beeinträchtigt.

Alternativ wäre eine Aufforderung gem. § 163 Abs. 1 StPO an den A, Straftaten zukünftig zu unterlassen, als mögliche mildere Maßnahme denkbar. Es ist nicht davon auszugehen, dass A der Maßnahme Folge leisten wird. Das polizeiliche Ziel kann dadurch nicht sicher erreicht werden. Die ED-Behandlung ist die mildeste, geeignete Maßnahme, das polizeiliche Ziel zu erreichen.

Somit ist die geeignete Maßnahme auch erforderlich.

Die Maßnahme müsste auch angemessen sein.

Angemessen ist eine Maßnahme, wenn sie zu dem angestrebten Erfolg nicht erkennbar außer Verhältnis steht. Es hat eine Rechtsgüterabwägung zu erfolgen.

Das zu schützende Rechtsgut ist hier insbesondere die Strafverfolgungsvorsorge des Staates.

Dem gegenüber stehen das Grundrecht auf allgemeine Handlungsfreiheit gem. Art. 2 Abs. 1 GG, das Recht auf informationelle Selbstbestimmung gem. Art. 2 Abs. 1 i. V. m. Art. 1 Abs. 1 GG und das Grundrecht auf Freiheit der Person, hier als Freiheitsbeschränkung durch das Verbringen des A zur Dienststelle zur Durchführung einer ED-Behandlung, gem. Art. 2 Abs. 1 i. V. m. Art. 104 Abs. 1 GG. Die kurzfristige Beeinträchtigung der Bewegungsfreiheit sowie der Eingriff in das Recht auf freie Entfaltung der Persönlichkeit stellen gegenüber der Sicherung des zukünftigen Strafverfahrens und der Gefahrenvorsorge keinen unverhältnismäßigen Eingriff dar. Das zu schützende Rechtsgut überwiegt in der Wertigkeit die einzuschränkenden Grundrechte.

Somit ist die Maßnahme auch angemessen.

Also ist die Maßnahme insgesamt verhältnismäßig.

3.4 Besondere gesetzliche Pflichten/Formvorschriften

Die Anordnung der ED-Behandlung unterliegt keiner förmlichen Beschränkung. Sie darf durch jeden Polizeibeamten angeordnet werden.

3.5 Feststellung der Rechtmäßigkeit der Maßnahme

Die ED-Behandlung des A gem. § 81b 2. Alt. StPO ist im Ergebnis rechtmäßig.

2.3 Fälle zur Sicherstellung

Fall 6: Sicherstellung – § 94 Abs. 1 StPO

Sachverhalt

Sie absolvieren Ihr bahnpolizeiliches Praktikum in der BPOLI Hamburg und sind zusammen mit PHM Beier zur Überwachung des Hamburger Hauptbahnhofes eingesetzt.

Sie bestreifen soeben den Bereich der Gepäckschließfachanlagen. Dabei stellen Sie fest, dass ein Gepäckschließfach offensichtlich aufgebrochen wurde. Es steht offen und ist leer. Sie erkennen deutliche Aufbruchspuren an der Tür des Faches. Am Boden liegt ein Brecheisen.

Aufgabe

Prüfen Sie die Rechtmäßigkeit der nun zu treffenden verfahrenssichernden Maßnahme hinsichtlich des Brecheisens (Ziffer 1.1 bis 3.5 des Prüfschemas)!

Lösungsvorschlag

1 Entscheidung

1.1 Entscheidung zu präventivem oder repressivem Handeln

Die Entscheidung zu präventivem oder repressivem Handeln ist zu treffen. Ein Gepäckschließfach wurde aufgebrochen. Ein Schaden ist bereits eingetreten. Es besteht der Verdacht einer Straftat des besonders schweren Falls des Diebstahls gem. § 243 StGB.

Ein Täter ist nicht mehr vor Ort. Somit ist eine Schadensvertiefung nicht mehr möglich.

Betroffen sind die Rechtsgüter der öffentlichen Sicherheit, hier die objektive Rechtsordnung und das Eigentum.

Es handelt sich um eine abgeschlossene Rechtsgutverletzung. Repressives Handeln zur Strafverfolgung ist erforderlich.

1.2 Benennung der zu treffenden Maßnahme

Bei der nun zu treffenden Maßnahme könnte es sich um eine Sicherstellung des Brecheisens gem. § 94 Abs. 1 StPO handeln.

2 Zuständigkeit

2.1 Sachliche Zuständigkeit

Die sachliche Zuständigkeit ergibt sich aus § 1 Abs. 2, § 12 Abs. 1 Nr. 5 BPolG i. V. m. § 163 Abs. 1 StPO i. V. m. § 58 Abs. 1 BPolG i. V. m. § 1 Abs. 1 BPolZV.

2.2 Örtliche Zuständigkeit

Die örtliche Zuständigkeit ergibt sich aus § 58 Abs. 1 BPolG i. V. m. § 2 Abs. 1 Nr. 2 BPolZV.

3 Eingriff

3.1 Befugnisnorm

Es müssten die gesetzlichen Voraussetzungen für eine Sicherstellung gem. § 94 Abs. 1 StPO vorliegen.

Dazu müsste zunächst ein Straftatverdacht vorliegen.

Ein Straftatverdacht ist gegeben, wenn tatsächliche Anhaltspunkte darauf schließen lassen, dass eine verfolgbare Straftat begangen wurde.

Ein Gepäckschließfach wurde aufgebrochen. Es besteht der Verdacht einer Straftat des besonders schweren Falls des Diebstahls gem. § 243 StGB.

Ein Straftatverdacht liegt demnach vor.

Bei dem Gegenstand müsste es sich um ein für die Untersuchung bedeutsames Beweismittel handeln.

Beweismittel sind alle beweglichen und unbeweglichen Sachen, die unmittelbar oder mittelbar für die Tat oder die Umstände ihrer Begehung Beweis erbringen.

Auf dem Brecheisen können sich Fingerabdrücke befinden, mittels derer sich evtl. ein Täter ermitteln und der Tat zuordnen lässt. Es kann anhand von Materialspuren eine Zuordnung von Tatmittel und Täter erfolgen und damit letztlich der Tatnachweis erbracht werden, dass das Tatmittel für die Straftat benutzt wurde. Das Brecheisen ist daher als Beweismittel für die Untersuchung von Bedeutung.

Es handelt sich somit um ein bedeutsames Beweismittel.

Weiterhin müsste der Gegenstand gewahrsamslos sein oder nicht freiwillig herausgegeben werden.

Hier kommt gewahrsamslos in Betracht.

Gewahrsamslos ist ein Gegenstand, wenn niemand die tatsächliche Sachherrschaft darüber ausübt.

Am Tatort liegt ein Brecheisen auf dem Boden. Ein Täter befindet sich nicht mehr vor Ort. Die tatsächliche Sachherrschaft über den Gegenstand übt niemand aus.

Der Gegenstand ist gewahrsamslos.

Insgesamt sind die Voraussetzungen für eine Sicherstellung des Brecheisens gem. § 94 Abs. 1 StPO gegeben.

3.2 Adressat

Die Maßnahme müsste sich gegen den richtigen Adressaten richten. Der Adressat ergibt sich aus der Maßnahme selbst. Hier handelt es sich um einen gewahrsamslosen Gegenstand. Ein Adressat der Maßnahme ist nicht vor Ort.

3.3 Allgemeine Rechtmäßigkeitsvoraussetzungen/Verhältnismäßigkeit

Die Sicherstellung müsste verhältnismäßig sein.

Das ist sie, wenn sie geeignet, erforderlich und angemessen ist.

Die Maßnahme müsste zunächst geeignet sein.

Die Maßnahme ist geeignet, wenn sie objektiv zwecktauglich ist, das polizeiliche Ziel zu erreichen.

Polizeiliches Ziel ist es, eine qualifizierte Strafverfolgung zu gewährleisten und den Strafverfolgungsanspruch des Staates durchzusetzen. Durch die Sicherstellung des Brecheisens als potenzielles Beweismittel sind eine Zuordnung als Tatmittel und Ermittlung und Überführung des Täters möglich. Es kann der Beweis erbracht werden, dass das Brecheisen bei der Begehung der Straftat benutzte wurde. Die Sicherstellung ist objektiv zwecktauglich, das polizeiliche Ziel zu erreichen.

Die Maßnahme ist somit geeignet.

Die Maßnahme müsste auch erforderlich sein.

Erforderlich ist die Maßnahme, wenn sie von mehreren möglichen und geeigneten Maßnahmen diejenige ist, die den Einzelnen und die Allgemeinheit voraussichtlich am wenigsten beeinträchtigt.

Eine mildere und zugleich noch geeignete Maßnahme ist hier nicht erkennbar.

Somit ist die geeignete Maßnahme auch erforderlich.

Die Maßnahme müsste auch angemessen sein.

Angemessen ist eine Maßnahme, wenn sie zu dem angestrebten Erfolg nicht erkennbar außer Verhältnis steht. Es hat eine Rechtsgüterabwägung zu erfolgen.

Das zu schützende Rechtsgut ist hier der Strafverfolgungsanspruch des Staates im Rahmen einer qualifizierten Strafverfolgung.

Die Sicherstellung eines gewahrsamslosen Gegenstandes ist die formlose Herstellung staatlicher Gewalt über ein Beweismittel. Ein Inhaber der tatsächlichen Gewalt ist nicht vor Ort. Ein Grundrechtseingriff liegt nicht vor, da der Gegenstand gewahrsamslos ist.

Somit ist die Maßnahme auch angemessen.

Die Maßnahme ist insgesamt verhältnismäßig.

3.4 Besondere gesetzliche Pflichten/Formvorschriften

Die Maßnahme gem. § 94 Abs. 1 StPO unterliegt keiner förmlichen Beschränkung. Sie darf durch jeden Polizeibeamten angeordnet werden.

3.5 Feststellung der Rechtmäßigkeit der Maßnahme

Die Sicherstellung des Brecheisens gem. § 94 Abs. 1 StPO ist im Ergebnis rechtmäßig.

Fall 7: Sicherstellung – § 94 Abs. 1 StPO

Sachverhalt

Sie absolvieren Ihr bahnpolizeiliches Praktikum in der BPOLI Hamburg und sind zusammen mit PHM Beier zur Überwachung des Hamburger Hauptbahnhofes eingesetzt.

Sie bestreifen soeben den Außenbereich des Hauptbahnhofes. Es gelingt Ihnen, den Schüler (S) auf frischer Tat zu stellen, der soeben sein »Kunstwerk« an der Außenwand des Hauptbahnhofes mittels Sprühfarbe aus der Dose anbringt.

Sie eröffnen dem S den Tatvorwurf der Straftat Sachbeschädigung gem. § 303 StGB und belehren ihn über seine Rechte.

Es stellt sich heraus, dass S das »Kunstwerk« im Rahmen einer Mutprobe angefertigt hat, um sich bei seinen Freunden beliebt zu machen. Von der Polizei gestellt, bereut S seine Tat und gibt an, dass er so etwas nie wieder machen werde. S äußert Ihnen gegenüber auf die Sprühdose angesprochen: *»Die Sprühdose könnt Ihr haben, ich will damit nichts mehr zu tun haben.«*

Aufgabe

Prüfen Sie die Rechtmäßigkeit der nun zu treffenden verfahrenssichernden Maßnahme hinsichtlich der Sprühdose (Ziffer 1.1 bis 3.5 des Prüfschemas)!

Lösungsvorschlag

1 Entscheidung

1.1 Entscheidung zu präventivem oder repressivem Handeln

Die Entscheidung zu präventivem oder repressivem Handeln ist zu treffen. S hat mittels Farbe die Außenwand des Hamburger Hauptbahnhofes besprüht. Ein Schaden ist bereits eingetreten. Es kam zu einer Straftat der Sachbeschädigung gem. § 303 StGB.

S ist gestellt. Somit ist eine Schadensvertiefung nicht mehr möglich.

Betroffen sind die Rechtsgüter der öffentlichen Sicherheit, hier die objektive Rechtsordnung und das Eigentum.

Es handelt sich um eine abgeschlossene Rechtsgutverletzung. Daher ist ein repressives Einschreiten zur Strafverfolgung erforderlich.

1.2 Benennung der zu treffenden Maßnahme

Bei der nun zu treffenden Maßnahme könnte es sich um eine Sicherstellung der Sprühdose gem. § 94 Abs. 1 StPO handeln.

2 Zuständigkeit

2.1 Sachliche Zuständigkeit

Die sachliche Zuständigkeit ergibt sich aus § 1 Abs. 2, § 12 Abs. 1 Nr. 5 BPolG i. V. m. § 163 Abs. 1 StPO i. V. m. § 58 Abs. 1 BPolG i. V. m. § 1 Abs. 1 BPolZV.

2.2 Örtliche Zuständigkeit

Die örtliche Zuständigkeit ergibt sich aus § 58 Abs. 1 BPolG i. V. m. § 2 Abs. 1 Nr. 2 BPolZV.

3 Eingriff

3.1 Befugnisnorm

Es müssten die gesetzlichen Voraussetzungen für eine Sicherstellung gem. § 94 Abs. 1 StPO vorliegen.

Dazu müsste zunächst ein Straftatverdacht vorliegen.

Ein Straftatverdacht ist gegeben, wenn tatsächliche Anhaltspunkte darauf schließen lassen, dass eine verfolgbare Straftat begangen wurde.

S wurde bei der Ausführung der Straftat Sachbeschädigung gem. § 303 StGB auf frischer Tat gestellt.

Ein Straftatverdacht ist demnach gegeben.

Bei dem Gegenstand müsste es sich um ein für die Untersuchung bedeutsames Beweismittel handeln.

Beweismittel sind alle beweglichen und unbeweglichen Sachen, die unmittelbar oder mittelbar für die Tat oder die Umstände ihrer Begehung Beweis erbringen.

Auf der Sprühdose können sich Fingerabdrücke befinden, die mit denen des Täters verglichen werden können. Es kann ein Abgleich der Farbe in der Sprühdose mit dem Graffiti an der Wand erfolgen. Eine Zuordnung von Tatmittel und Täter ist dadurch möglich. Damit kann letztlich der Tatnachweis erbracht werden, dass das Tatmittel für die Straftat benutzt wurde. Die Sprühdose ist daher als Beweismittel für die Untersuchung von Bedeutung.

Es handelt sich also um ein bedeutsames Beweismittel.

Weiterhin müsste der Gegenstand gewahrsamslos sein oder freiwillig herausgegeben werden.

Hier kommt die freiwillige Herausgabe in Betracht.

Freiwillig wird ein Gegenstand herausgegeben, wenn der Gewahrsamsinhaber weiß, dass eine Pflicht zur Herausgabe nicht besteht.

Von der Polizei gestellt, bereut S seine Tat und hat Angst vor den Konsequenzen und gibt an, dass er so etwas nie wieder machen werde. S äußert Ihnen gegenüber, dass er den Gegenstand bereitwillig herausgibt.

S gibt den Gegenstand freiwillig heraus.

Insgesamt sind die Voraussetzungen für eine Sicherstellung der Sprühdose gem. § 94 Abs. 1 StPO gegeben.

3.2 Adressat

Die Maßnahme müsste sich gegen den richtigen Adressaten richten. Der Adressat ergibt sich aus der Maßnahme selbst. Hier ist es der S als Gewahrsamsinhaber, der somit richtiger Adressat der Maßnahme ist.

3.3 Allgemeine Rechtmäßigkeitsvoraussetzungen/Verhältnismäßigkeit

Die Sicherstellung müsste verhältnismäßig sein.

Das ist sie, wenn sie geeignet, erforderlich und angemessen ist.

Die Maßnahme müsste zunächst geeignet sein.

Die Maßnahme ist geeignet, wenn sie objektiv zwecktauglich ist, das polizeiliche Ziel zu erreichen.

Polizeiliches Ziel ist es, eine qualifizierte Strafverfolgung zu gewährleisten und den Strafverfolgungsanspruch des Staates durchzusetzen. Durch die Sicherstellung der Sprühdose als potenzielles Beweismittel ist eine Zuordnung von Tatmittel und Täter möglich. Es kann der Beweis erbracht werden, dass die Sprühdose bei der Begehung der Straftat benutzte wurde. Die Sicherstellung ist objektiv zwecktauglich, das polizeiliche Ziel zu erreichen.

Die Maßnahme ist somit geeignet.

Die Maßnahme müsste auch erforderlich sein.

Erforderlich ist die Maßnahme, wenn sie von mehreren möglichen und geeigneten Maßnahmen diejenige ist, die den Einzelnen und die Allgemeinheit voraussichtlich am wenigsten beeinträchtigt.

Eine mildere und zugleich noch geeignete Befugnis ist hier nicht erkennbar.

Somit ist die geeignete Maßnahme auch erforderlich.

Die Maßnahme müsste auch angemessen sein.

Angemessen ist eine Maßnahme, wenn sie zu dem angestrebten Erfolg nicht erkennbar außer Verhältnis steht. Es hat eine Rechtsgüterabwägung zu erfolgen.

Die zu schützenden Rechtsgüter sind hier der Strafverfolgungsanspruch des Staates und die objektive Rechtsordnung im Rahmen einer qualifizierten Strafverfolgung.

Mit der Sicherstellung wird in das Grundrecht auf Eigentum des S gem. Art. 14 GG eingegriffen. Das zu schützende Rechtsgut überwiegt in der Wertigkeit das einzuschränkende Grundrecht. S gibt den Gegenstand freiwillig heraus. Die Maßnahme ist ohne bleibenden Schaden für ihn.

Somit ist die Maßnahme auch angemessen.

Die Maßnahme ist insgesamt verhältnismäßig.

3.4 Besondere gesetzliche Pflichten/Formvorschriften

Die Maßnahme gem. § 94 Abs. 1 StPO unterliegt keiner förmlichen Beschränkung. Sie darf durch jeden Polizeibeamten angeordnet werden.

3.5 Feststellung der Rechtmäßigkeit der Maßnahme

Die Sicherstellung der Sprühdose gem. § 94 Abs. 1 StPO ist im Ergebnis rechtmäßig.

2.4 Fälle zur Beschlagnahme

Fall 8: Beschlagnahme – § 94 Abs. 1, 2, § 98 Abs. 1 StPO

Sachverhalt

Sie absolvieren Ihr grenzpolizeiliches Praktikum in der BPOLI Forst und sind zusammen mit PHM Geißler zur Überwachung des 30-km-Bereiches eingesetzt.

Sie kontrollieren soeben, nahe der Ortschaft Briesnig, ein fahndungsrelevantes Fahrzeug. Während der Durchsuchung des Kofferraums greift der Fahrer (F) plötzlich nach einem Schraubenschlüssel, der sich in seiner Zugriffsnähe im Kofferraum des Fahrzeuges befindet. F kommt mit dem erhobenen Schraubenschlüssel in der Hand auf Sie zu und sagt wörtlich: *»Jetzt seid ihr fällig!«*

Sie können schnell reagieren und Distanz zu F aufbauen. F kommt Ihrer Aufforderung, den Schraubenschlüssel fallen zu lassen, nach.

Aufgabe

Prüfen Sie die Rechtmäßigkeit der nun zu treffenden verfahrenssichernden Maßnahme hinsichtlich des Schraubenschlüssels (Ziffer 1.1 bis 3.5 des Prüfschemas)!

Hinweis: F äußert Ihnen gegenüber, dass er mit der Maßnahme so nicht einverstanden ist. Die Strafbarkeit des tätlichen Angriffes gem. § 114 StGB ist gegeben.

Lösungsvorschlag

1 Entscheidung

1.1 Entscheidung zu präventivem oder repressivem Handeln

Die Entscheidung zu präventivem oder repressivem Handeln ist zu treffen. F hat mit einem Schraubenschlüssel die kontrollierenden Beamten angegriffen. Ein Schaden ist bereits eingetreten. Es kam zu einer Straftat des tätlichen Angriffs auf PVB gem. § 114 StGB.

Der F ist gestellt und hat den Schraubenschlüssel fallen lassen. Somit ist eine Schadensvertiefung nicht mehr möglich.

Betroffen sind die Rechtsgüter der öffentlichen Sicherheit, hier die objektive Rechtsordnung, und die Sicherheit der Grenze.

Es handelt sich um eine abgeschlossene Rechtsgutverletzung, die repressives Handeln erfordert.

1.2 Benennung der zu treffenden Maßnahme

Bei der nun zu treffenden Maßnahme könnte es sich um eine Beschlagnahme des Schraubenschlüssels gem. § 94 Abs. 1, 2, § 98 Abs. 1 StPO handeln.

2 Zuständigkeit

2.1 Sachliche Zuständigkeit

Die sachliche Zuständigkeit ergibt sich aus § 1 Abs. 2, § 12 Abs. 1 Nr. 1 BPolG i. V. m. § 163 Abs. 1 StPO i. V. m. § 58 Abs. 1 BPolG i. V. m. § 1 Abs. 1 BPolZV.

2.2 Örtliche Zuständigkeit

Die örtliche Zuständigkeit ergibt sich aus § 58 Abs. 1 BPolG i. V. m. § 2 Abs. 1 Nr. 8 BPolZV.

3 Eingriff

3.1 Befugnisnorm

Es müssten die gesetzlichen Voraussetzungen für eine Beschlagnahme des Schraubenschlüssels gem. § 94 Abs. 1, 2, § 98 Abs. 1 StPO vorliegen.

Dazu müsste zunächst ein Straftatverdacht vorliegen.

Ein Straftatverdacht ist gegeben, wenn tatsächliche Anhaltspunkte darauf schließen lassen, dass eine verfolgbare Straftat begangen wurde.

F hat sich der Straftat des tätlichen Angriffes auf Vollstreckungsbeamte gem. § 114 Abs. 1, 2 i. V. m. § 113 Abs. 2 Nr. 1 StGB verdächtig gemacht.

Ein Straftatverdacht ist demnach gegeben.

Bei dem zu beschlagnahmenden Gegenstand müsste es sich um ein für die Untersuchung bedeutsames Beweismittel handeln.

Beweismittel sind alle beweglichen und unbeweglichen Sachen, die unmittelbar oder mittelbar für die Tat oder die Umstände ihrer Begehung Beweis erbringen.

Auf dem Schraubenschlüssel können sich Fingerabdrücke befinden, die mit denen des Täters verglichen werden können. Durch den Schraubenschlüssel kann also eine Zuordnung von Tatmittel und Täter erfolgen und damit letztlich der Tatnachweis erbracht werden, dass das Tatmittel für die Straftat benutzt wurde. Ferner kann anhand des Gegenstandes durch Inaugenscheinnahme im Strafverfahren der Beweis erbracht werden, dass es sich bei dem Schraubenschlüssel um ein gefährliches Werkzeug i. S. d. § 113 Abs. 2 Nr. 1 StGB handelt. Der Schraubenschlüssel ist daher als Beweismittel für die Untersuchung von Bedeutung.

Es handelt sich also um ein bedeutsames Beweismittel.

Der Gegenstand müsste sich im Gewahrsam einer Person befinden.

Gewahrsam ist die tatsächliche Sachherrschaft einer Person über eine Sache.

Hier hält F den Schraubenschlüssel während des Angriffs in seiner Hand. Auch durch die Aufforderung der PVB, den Schraubenschlüssel fallen zu lassen, wird die tatsächliche Sachherrschaft nicht aufgehoben, wenn der Schraubenschlüssel auf dem Boden liegt.

F hat die tatsächliche Sachherrschaft. Somit befindet sich der Gegenstand im Gewahrsam des F.

Der Gegenstand dürfte nicht freiwillig herausgegeben werden.

Ein Gegenstand wird nicht freiwillig herausgegeben, wenn die Herausgabe weder aus eigenem Antrieb, noch stillschweigend mit innerer Bereitschaft erfolgt.

Laut Sachverhalt ist F mit der Maßnahme nicht einverstanden.

F gibt den Gegenstand folglich nicht freiwillig heraus.

Die Voraussetzungen für eine Beschlagnahme gem. § 94 Abs. 1, 2 StPO liegen vor.

Ferner müsste eine ordnungsgemäße Anordnung für die Beschlagnahme vorliegen. Die Anordnung obliegt gem. § 98 Abs. 1 StPO grds. dem Gericht. Laut Sachverhalt liegt hier keine gerichtliche Anordnung vor.

Ausnahmsweise kann bei Gefahr im Verzug die Anordnung auch durch die Staatsanwaltschaft und ihre Ermittlungspersonen erfolgen.

Es müsste somit Gefahr im Verzug vorliegen.

Gefahr im Verzug liegt dann vor, wenn auf eine gerichtliche Entscheidung nicht gewartet werden kann, weil zu befürchten ist, dass der Zweck der

Maßnahme in der Zwischenzeit ernsthaft gefährdet oder gar vereitelt werden würde.

F hat den Schraubenschlüssel für die Tat benutzt. Er könnte, wenn keine unverzügliche Beschlagnahme erfolgen würde, daran befindliche Fingerabdruckspuren vernichten und das Beweismittel schlimmstenfalls sogar ganz verschwinden lassen, sodass ein Auffinden schwer oder überhaupt nicht mehr möglich wird. Das Einholen einer gerichtlichen Entscheidung kann somit nicht abgewartet werden, ohne dass der Erfolg der Maßnahme gefährdet wäre.

Gefahr im Verzug liegt somit vor.

Die Anordnung müsste durch eine Ermittlungsperson der Staatsanwaltschaft getroffen werden.

Ermittlungsperson der Staatsanwaltschaft ist jeder PVB, der mindestens vier Jahre im Polizeivollzugsdienst ist (vgl. § 12 Abs. 5 BPolG oder § 152 Abs. 2 GVG).

PHM Geißler ist aufgrund seiner Amtsbezeichnung mindestens vier Jahre im Polizeivollzugsdienst und damit Ermittlungsperson der Staatsanwaltschaft. Er ist somit anordnungsbefugt.

Die ordnungsgemäße Anordnung der Beschlagnahme gem. § 98 Abs. 1 StPO liegt vor.

Insgesamt sind die Voraussetzungen für eine Beschlagnahme des Schraubenschlüssels gem. § 94 Abs. 1, 2, § 98 Abs. 1 StPO gegeben.

3.2 Adressat

Die Maßnahme müsste sich gegen den richtigen Adressaten richten. Der Adressat ergibt sich aus der Maßnahme selbst. Hier ist es der F als Gewahrsamsinhaber des Schraubenschlüssels.

3.3 Allgemeine Rechtmäßigkeitsvoraussetzungen/Verhältnismäßigkeit

Die Beschlagnahme müsste verhältnismäßig sein.

Das ist sie, wenn sie geeignet, erforderlich und angemessen ist.

Die Maßnahme müsste zunächst geeignet sein.

Die Maßnahme ist geeignet, wenn sie objektiv zwecktauglich ist, das polizeiliche Ziel zu erreichen.

Polizeiliches Ziel ist es, eine qualifizierte Strafverfolgung zu gewährleisten und den Strafverfolgungsanspruch des Staates durchzusetzen. Durch die Beschlagnahme des Schraubenschlüssels als potenzielles Beweismittel ist eine Zuordnung von Tatmittel und Täter möglich. Es kann der Beweis erbracht werden, dass F den Schraubenschlüssel bei der Begehung der

Straftat benutzte und dies ein gefährliches Werkzeug darstellt. Die Beschlagnahme ist objektiv zwecktauglich, das polizeiliche Ziel zu erreichen.

Die Maßnahme ist somit geeignet.

Die Maßnahme müsste auch erforderlich sein.

Erforderlich ist die Maßnahme, wenn sie von mehreren möglichen und geeigneten Maßnahmen diejenige ist, die den Einzelnen und die Allgemeinheit voraussichtlich am wenigsten beeinträchtigt.

Alternativ wäre eine Sicherstellung gem. § 94 Abs. 1 StPO als mögliche mildere Maßnahme denkbar. Da F den Gegenstand nicht freiwillig herausgibt und mit der Maßnahme nicht einverstanden ist, findet die Sicherstellung hier keine Anwendung. Eine mildere und zugleich noch geeignete Befugnis ist hier nicht erkennbar.

Somit ist die geeignete Maßnahme auch erforderlich.

Die Maßnahme müsste auch angemessen sein.

Angemessen ist die Maßnahme, wenn sie zu dem angestrebten Erfolg nicht erkennbar außer Verhältnis steht. Es hat eine Rechtsgüterabwägung zu erfolgen.

Das zu schützende Rechtsgut ist hier der Strafverfolgungsanspruch des Staates im Rahmen einer qualifizierten Strafverfolgung.

Dem gegenüber steht das Grundrecht auf Eigentum des F gem. Art. 14 GG. Das zu schützende Rechtsgut überwiegt u. a. aufgrund der Schwere der Tat in der Wertigkeit das einzuschränkende Grundrecht. Die Maßnahme ist nur vorübergehender Natur und ohne bleibende Schäden für F. Nach Ablauf des Strafverfahrens erhält F den Gegenstand zurück.

Somit ist die Maßnahme auch angemessen.

Die Maßnahme ist insgesamt verhältnismäßig.

3.4 Besondere gesetzliche Pflichten/Formvorschriften

- Herausgabe von Beweismitteln gem. § 95 StPO,
- Einschränkung der Amtshilfepflicht und Beschlagnahmeverbote gem. §§ 96, 97 StPO,
- Beantragung der gerichtlichen Entscheidung gem. § 98 Abs. 2 StPO,
- Ausstellung einer Bescheinigung gem. § 107 StPO,
- Verzeichnis der beschlagnahmten Gegenstände gem. § 109 StPO.

3.5 Feststellung der Rechtmäßigkeit der Maßnahme

Die Beschlagnahme des Schraubenschlüssels gem. § 94 Abs. 1, 2, § 98 Abs. 1 StPO ist im Ergebnis rechtmäßig.

Fall 9: Beschlagnahme – § 94 Abs. 1, 2, § 98 Abs. 1 StPO

Sachverhalt

Sie absolvieren Ihr Praktikum in der BPOLI Hamburg Flughafen und sind, zusammen mit PHM Franz, zur Einreisekontrolle des Fluges LH 3556 aus Tel Aviv (Israel) kommend eingesetzt.

Am Grenzkontrollschalter wird der Passagier (M) zur Einreisekontrolle vorstellig. Er legt Ihnen einen französischen Reisepass vor. Bei der Überprüfung des Dokumentes auf Echtheit stellen Sie fest, dass offensichtlich das Lichtbild im Reisepass ausgetauscht wurde.

Sie eröffnen dem M den Tatvorwurf der Urkundenfälschung gem. § 267 StGB und belehren ihn über seine Rechte.

Aufgabe

Prüfen Sie die Rechtmäßigkeit der nun zu treffenden verfahrenssichernden Maßnahme hinsichtlich des Reisepasses (Ziffer 1.1 bis 3.5 des Prüfschemas)!

Hinweis: M äußert Ihnen gegenüber, dass er mit der Maßnahme nicht einverstanden ist.

Lösungsvorschlag

1 Entscheidung

1.1 Entscheidung zu präventivem oder repressivem Handeln

Die Entscheidung zu präventivem oder repressivem Handeln ist zu treffen. M hat das Lichtbild in dem französischen Reisepass ausgetauscht und wurde damit bei der polizeilichen Kontrolle des grenzüberschreitenden Verkehrs vorstellig. Es kam zu einer Straftat der Urkundenfälschung gem. § 267 StGB.

Der M ist gestellt. Somit ist eine Schadensvertiefung nicht mehr möglich.

Betroffen sind die Rechtsgüter der öffentlichen Sicherheit, hier die objektive Rechtsordnung und die Sicherheit der Grenze.

Es handelt sich um eine abgeschlossene Rechtsgutverletzung. Somit ist hier repressives Handeln zur Strafverfolgung erforderlich.

1.2 Benennung der zu treffenden Maßnahme

Bei der nun zu treffenden Maßnahme könnte es sich um eine Beschlagnahme des Reisepasses gem. § 94 Abs. 1, 2, § 98 Abs. 1 StPO handeln.

2 Zuständigkeit

2.1 Sachliche Zuständigkeit

Die sachliche Zuständigkeit ergibt sich aus § 1 Abs. 2, § 12 Abs. 1 Nr. 3 BPolG i. V. m. § 163 Abs. 1 StPO i. V. m. § 58 Abs. 1 BPolG i. V. m. § 1 Abs. 1 BPolZV.

2.2 Örtliche Zuständigkeit

Die örtliche Zuständigkeit ergibt sich aus § 58 Abs. 1 BPolG i. V. m. § 2 Abs. 1 Nr. 2 BPolZV.

3 Eingriff

3.1 Befugnisnorm

Es müssten die gesetzlichen Voraussetzungen für eine Beschlagnahme gem. § 94 Abs. 1, 2, § 98 Abs. 1 StPO vorliegen.

Dazu müsste zunächst ein Straftatverdacht vorliegen.

Ein Straftatverdacht ist gegeben, wenn tatsächliche Anhaltspunkte darauf schließen lassen, dass eine verfolgbare Straftat begangen wurde.

M hat sich durch sein Verhalten der Straftat der Urkundenfälschung gem. § 267 StGB verdächtig gemacht.

Ein Straftatverdacht ist demnach gegeben.

Bei dem zu beschlagnahmenden Gegenstand müsste es sich um ein für die Untersuchung bedeutsames Beweismittel handeln.

Beweismittel sind alle beweglichen und unbeweglichen Sachen, die unmittelbar oder mittelbar für die Tat oder die Umstände ihrer Begehung Beweis erbringen.

In dem Reisepass wurde das Lichtbild ausgetauscht. An dem Dokument befinden sich unmittelbar Spuren der Tat. Es kann der Beweis erbracht werden, dass M den Reisepass bei der Begehung der Straftat benutzte. Der Reisepass ist daher als Beweismittel für die Untersuchung von Bedeutung.

Es handelt sich also um ein bedeutsames Beweismittel.

Der Gegenstand müsste sich im Gewahrsam einer Person befinden.

Gewahrsam ist die tatsächliche Sachherrschaft einer Person über eine Sache.

M benutzte den Reisepass bei der polizeilichen Kontrolle des grenzüberschreitenden Verkehrs. M hat die tatsächliche Sachherrschaft über den Gegenstand.

Der Gegenstand befindet sich somit im Gewahrsam des M.

Der Gegenstand dürfte nicht freiwillig herausgegeben werden.

Ein Gegenstand wird nicht freiwillig herausgegeben, wenn die Herausgabe weder aus eigenem Antrieb, noch stillschweigend mit innerer Bereitschaft erfolgt.

Laut Sachverhalt ist M mit der Maßnahme nicht einverstanden.

M gibt den Gegenstand also nicht freiwillig heraus.

Die Voraussetzungen für eine Beschlagnahme gem. § 94 Abs. 1, 2 StPO liegen vor.

Nun müsste eine ordnungsgemäße Anordnung für die Beschlagnahme vorliegen. Die Anordnung obliegt gem. § 98 Abs. 1 StPO grds. dem Gericht. Laut Sachverhalt liegt hier keine gerichtliche Anordnung vor.

Ausnahmsweise kann bei Gefahr im Verzug die Anordnung auch durch die Staatsanwaltschaft und ihre Ermittlungspersonen erfolgen.

Es müsste also Gefahr im Verzug vorliegen.

Gefahr im Verzug liegt dann vor, wenn auf eine gerichtliche Entscheidung nicht gewartet werden kann, weil zu befürchten ist, dass der Zweck der Maßnahme in der Zwischenzeit ernsthaft gefährdet oder gar vereitelt würde.

M hat den Reisepass bei der Tatbegehung benutzt. Er könnte, wenn keine unverzügliche Beschlagnahme erfolgen würde, daran befindliche Spuren vernichten und das Beweismittel schlimmstenfalls sogar ganz vernichten, sodass ein Auffinden schwer oder überhaupt nicht mehr möglich wird. Das Einholen einer gerichtlichen Entscheidung kann somit nicht abgewartet werden, ohne dass der Erfolg der Maßnahme gefährdet wäre.

Gefahr im Verzug liegt vor.

Die Anordnung müsste durch eine Ermittlungsperson der Staatsanwaltschaft erfolgen.

Ermittlungsperson der Staatsanwaltschaft ist jeder PVB, der mindestens vier Jahre im Polizeivollzugsdienst ist (vgl. § 12 Abs. 5 BPolG oder § 152 Abs. 2 GVG).

PHM Franz ist aufgrund seiner Amtsbezeichnung mindestens vier Jahre im Polizeivollzugsdienst und damit Ermittlungsperson der Staatsanwaltschaft. Er ist somit anordnungsbefugt.

Die ordnungsgemäße Anordnung der Beschlagnahme gem. § 98 Abs. 1 StPO liegt vor.

Insgesamt sind die Voraussetzungen für eine Beschlagnahme des Reisepasses gem. § 94 Abs. 1, 2, § 98 Abs. 1 StPO somit erfüllt.

3.2 Adressat

Die Maßnahme müsste sich gegen den richtigen Adressaten richten. Der Adressat ergibt sich aus der Maßnahme selbst. Hier ist es der M als Straftatverdächtiger.

3.3 Allgemeine Rechtmäßigkeitsvoraussetzungen/Verhältnismäßigkeit

Die Beschlagnahme müsste verhältnismäßig sein.

Das ist sie, wenn sie geeignet, erforderlich und angemessen ist.

Dazu müsste die Maßnahme zunächst geeignet sein.

Die Maßnahme ist geeignet, wenn sie objektiv zwecktauglich ist, das polizeiliche Ziel zu erreichen.

Polizeiliches Ziel ist es, eine qualifizierte Strafverfolgung zu gewährleisten und den Strafverfolgungsanspruch des Staates durchzusetzen. Durch die Beschlagnahme des Reisepasses als potenzielles Beweismittel ist eine Zuordnung von Tatmittel und Täter möglich. Die Beschlagnahme ist objektiv zwecktauglich, das polizeiliche Ziel zu erreichen.

Die Maßnahme ist somit geeignet.

Die Maßnahme müsste auch erforderlich sein.

Erforderlich ist die Maßnahme, wenn sie von mehreren möglichen und geeigneten Maßnahmen diejenige ist, die den Einzelnen und die Allgemeinheit voraussichtlich am wenigsten beeinträchtigt.

Alternativ wäre eine Sicherstellung gem. § 94 Abs. 1 StPO als mögliche mildere Maßnahme denkbar. Da M den Gegenstand aber nicht freiwillig herausgibt und mit der Maßnahme nicht einverstanden ist, findet die Sicherstellung hier keine Anwendung. Eine mildere und zugleich noch geeignete Befugnis ist hier nicht erkennbar.

Somit ist die geeignete Maßnahme auch erforderlich.

Die Maßnahme müsste auch angemessen sein.

Angemessen ist eine Maßnahme, wenn sie zu dem angestrebten Erfolg nicht erkennbar außer Verhältnis steht. Es hat eine Rechtsgüterabwägung zu erfolgen.

Das zu schützende Rechtsgut ist hier der Strafverfolgungsanspruch des Staates im Rahmen einer qualifizierten Strafverfolgung.

Dem gegenüber steht das Grundrecht auf Eigentum/Besitz des M gem. Art. 14 GG. Das zu schützende Rechtsgut überwiegt in der Wertigkeit das einzuschränkende Grundrecht. Die Maßnahme ist nur vorübergehender Natur und ohne bleibende Schäden für M.

Somit ist die Maßnahme auch angemessen.

Die Maßnahme ist insgesamt verhältnismäßig.

3.4 Besondere gesetzliche Pflichten/Formvorschriften

- Herausgabe von Beweismitteln gem. § 95 StPO,
- Einschränkung der Amtshilfepflicht und Beschlagnahmeverbote gem. §§ 96, 97 StPO,
- Beantragung der gerichtlichen Entscheidung gem. § 98 Abs. 2 StPO,
- Ausstellung einer Bescheinigung gem. § 107 StPO,
- Verzeichnis der beschlagnahmten Gegenstände gem. § 109 StPO.

3.5 Feststellung der Rechtmäßigkeit der Maßnahme

Die Beschlagnahme des Reisepasses gem. § 94 Abs. 1, 2, § 98 Abs. 1 StPO ist im Ergebnis rechtmäßig.

Fall 10: Beschlagnahme – § 94 Abs. 1, 2, § 98 Abs. 1 StPO

Sachverhalt

Sie absolvieren Ihr grenzpolizeiliches Praktikum in der BPOLI Forst und sind zusammen mit PHM Geißler zur Überwachung des 30-km-Bereiches eingesetzt.

Sie wollen soeben einen fahndungsrelevanten Lieferwagen kontrollieren. Die fahndungsmäßige Überprüfung des Kennzeichens ergibt, dass der Lieferwagen zur Fahndung ausgeschrieben ist. Der Lieferwagen wurde in der Nacht zuvor in Berlin gestohlen.

Sie halten den Lieferwagen an. Als Sie an den Lieferwagen herantreten, sehen Sie deutliche Aufbruchspuren an der Fahrertür. Sie eröffnen dem Fahrer (F) den Tatvorwurf des besonders schweren Falls des Diebstahls gem. § 243 StGB und belehren ihn über seine Rechte.

Die über Funk benachrichtigte Landespolizei ist derzeit bei einem Verkehrsunfall gebunden und bittet Sie, erste Maßnahmen vor Ort zu treffen.

Sie stellen zunächst die Identität des Fahrers F fest. F weist sich Ihnen gegenüber mit den erforderlichen Identitätspapieren aus. Sie durchsuchen das Fahrzeug und stellen weitere Spuren der Tat am Zündschloss fest.

Aufgabe

Prüfen Sie die Rechtmäßigkeit der nun zu treffenden verfahrenssichernden Maßnahme hinsichtlich des Lieferwagens (Ziffer 1.1 bis 3.5 des Prüfschemas)!

Hinweis: F äußert Ihnen gegenüber, dass er mit der Maßnahme so nicht einverstanden ist. Die Strafbarkeit des besonders schweren Falls des Diebstahls gem. § 243 StGB ist gegeben.

Lösungsvorschlag

1 Entscheidung

1.1 Entscheidung zu präventivem oder repressivem Handeln

Die Entscheidung zu präventivem oder repressivem Handeln ist zu treffen. Ein Lieferwagen wurde gestohlen und ist zur Fahndung ausgeschrieben. Ein Schaden ist bereits eingetreten. Es kam zu einer Straftat des besonders schweren Falls des Diebstahls gem. § 243 StGB.

Der Lieferwagen befindet sich in der polizeilichen Kontrolle. Der Fahrer F ist gestellt. Somit ist eine Schadensvertiefung nicht mehr möglich.

Betroffen sind die Rechtsgüter der öffentlichen Sicherheit, hier die objektive Rechtsordnung und das Eigentum.

Es handelt sich um eine abgeschlossene Rechtsgutverletzung. Es ist daher repressives Handeln zur Strafverfolgung erforderlich.

1.2 Benennung der zu treffenden Maßnahme

Bei der nun zu treffenden Maßnahme könnte es sich um eine Beschlagnahme des Lieferwagens gem. § 94 Abs. 1, 2, § 98 Abs. 1 StPO handeln.

2 Zuständigkeit

2.1 Sachliche Zuständigkeit

Die sachliche Zuständigkeit ergibt sich aus § 1 Abs. 2, § 12 Abs. 3 BPolG i. V. m. § 163 Abs. 1 StPO i. V. m. § 58 Abs. 1 BPolG i. V. m. § 1 Abs. 1 BPolZV.

2.2 Örtliche Zuständigkeit

Die örtliche Zuständigkeit ergibt sich aus § 58 Abs. 1 BPolG i. V. m. § 2 Abs. 1 Nr. 8 BPolZV.

3 Eingriff

3.1 Befugnisnorm

Es müssten die gesetzlichen Voraussetzungen für eine Beschlagnahme des Lieferwagens gem. § 94 Abs. 1, 2, § 98 Abs. 1 StPO vorliegen.

Dazu müsste zunächst ein Straftatverdacht vorliegen.

Ein Straftatverdacht ist gegeben, wenn tatsächliche Anhaltspunkte darauf schließen lassen, dass eine verfolgbare Straftat begangen wurde.

F ist Fahrer des als gestohlen gemeldeten Lieferwagens. F hat sich der Straftat des besonders schweren Falls des Diebstahls gem. § 243 StGB verdächtig gemacht.

Ein Straftatverdacht ist demnach gegeben.

Bei dem zu beschlagnahmenden Gegenstand müsste es sich um ein für die Untersuchung bedeutsames Beweismittel handeln.

Beweismittel sind alle beweglichen und unbeweglichen Sachen, die unmittelbar oder mittelbar für die Tat oder die Umstände ihrer Begehung Beweis erbringen.

Der Lieferwagen weist an der Fahrertür deutliche Aufbruchspuren auf. Diese deuten auf die Verwendung eines Aufbruchwerkzeuges bei Tatbegehung hin. Fahrertür und Tatwerkzeug können, sofern das Tatwerkzeug aufgefunden wird, miteinander verglichen werden. Auf dem Lieferwagen, insbesondere an der Fahrertür, können sich zudem Fingerabdrücke befinden, die mit denen des Täters verglichen werden können. Es kann eine Zuordnung von Tatobjekt und Täter erfolgen und damit letztlich der Tatnachweis erbracht werden. Der Lieferwagen ist als Tatobjekt als Beweismittel für die Untersuchung von Bedeutung.

Es handelt sich also um ein bedeutsames Beweismittel.

Der Gegenstand müsste sich im Gewahrsam einer Person befinden.

Gewahrsam ist die tatsächliche Sachherrschaft einer Person über eine Sache.

F ist Fahrer des Lieferwagens. F hat die tatsächliche Sachherrschaft. Somit befindet sich der Gegenstand im Gewahrsam des F.

Der Gegenstand dürfte nicht freiwillig herausgegeben werden.

Ein Gegenstand wird nicht freiwillig herausgegeben, wenn die Herausgabe weder aus eigenem Antrieb noch stillschweigend mit innerer Bereitschaft erfolgt.

Laut Sachverhalt ist F mit der Maßnahme nicht einverstanden.

F gibt den Gegenstand folglich nicht freiwillig heraus.

Die Voraussetzungen für eine Beschlagnahme gem. § 94 Abs. 1, 2 StPO liegen vor.

Ferner müsste eine ordnungsgemäße Anordnung für die Beschlagnahme vorliegen. Die Anordnung obliegt gem. § 98 Abs. 1 StPO grds. dem Gericht. Laut Sachverhalt liegt hier keine gerichtliche Anordnung vor.

Ausnahmsweise kann bei Gefahr im Verzug die Anordnung auch durch die Staatsanwaltschaft und ihre Ermittlungspersonen erfolgen.

Es müsste somit Gefahr im Verzug vorliegen.

Gefahr im Verzug liegt dann vor, wenn auf eine richterliche Entscheidung nicht gewartet werden kann, weil zu befürchten ist, dass der Zweck der Maßnahme in der Zwischenzeit ernsthaft gefährdet oder gar vereitelt werden würde.

F ist Fahrer des als gestohlen gemeldeten Lieferwagens. Er könnte, wenn keine unverzügliche Beschlagnahme erfolgen würde, daran befindliche Spuren beseitigen. F könnte weitere Manipulationen am Lieferwagen durchführen, die eine Zuordnung als Diebesgut im Strafverfahren erschweren. Ferner könnte er den Lieferwagen als Tatobjekt »verschwinden« lassen, der dann nicht mehr als Beweismittel für das Strafverfahren zur Verfügung stehen würde. Das Einholen einer gerichtlichen Entscheidung kann somit nicht abgewartet werden, ohne dass der Erfolg der Maßnahme gefährdet wäre. Gefahr im Verzug liegt somit vor.

Die Anordnung müsste durch eine Ermittlungsperson der Staatsanwaltschaft getroffen werden.

Ermittlungsperson der Staatsanwaltschaft ist jeder PVB, der mindestens vier Jahre im Polizeivollzugsdienst ist (vgl. § 12 Abs. 5 BPolG oder § 152 Abs. 2 GVG).

PHM Geißler ist aufgrund seiner Amtsbezeichnung mindestens vier Jahre im Polizeivollzugsdienst und damit Ermittlungsperson der Staatsanwaltschaft. Er ist somit anordnungsbefugt.

Die ordnungsgemäße Anordnung der Beschlagnahme gem. § 98 Abs. 1 StPO liegt vor.

Insgesamt sind die Voraussetzungen für eine Beschlagnahme des Lieferwagens gem. § 94 Abs. 1, 2, § 98 Abs. 1 StPO gegeben.

3.2 Adressat

Die Maßnahme müsste sich gegen den richtigen Adressaten richten. Der Adressat ergibt sich aus der Maßnahme selbst. Hier ist es der F als Gewahrsamsinhaber des Lieferwagens.

3.3 Allgemeine Rechtmäßigkeitsvoraussetzungen/Verhältnismäßigkeit

Die Beschlagnahme müsste verhältnismäßig sein.

Das ist sie, wenn sie geeignet, erforderlich und angemessen ist.

Die Maßnahme müsste zunächst geeignet sein.

Die Maßnahme ist geeignet, wenn sie objektiv zwecktauglich ist, das polizeiliche Ziel zu erreichen.

Polizeiliches Ziel ist es, eine qualifizierte Strafverfolgung zu gewährleisten und den Strafverfolgungsanspruch des Staates durchzusetzen. Durch die Beschlagnahme des Lieferwagens als potenzielles Beweismittel ist eine Zuordnung von Tatmittel und Täter möglich. Es kann der Beweis erbracht werden, dass der Lieferwagen aufgebrochen und gestohlen wurde. Die Beschlagnahme ist objektiv zwecktauglich, das polizeiliche Ziel zu erreichen.

Die Maßnahme ist somit geeignet.

Die Maßnahme müsste auch erforderlich sein.

Erforderlich ist die Maßnahme, wenn sie von mehreren möglichen und geeigneten Maßnahmen diejenige ist, die den Einzelnen und die Allgemeinheit voraussichtlich am wenigsten beeinträchtigt.

Alternativ wäre eine Sicherstellung gem. § 94 Abs. 1 StPO als mögliche mildere Maßnahme denkbar. Da F den Gegenstand nicht freiwillig herausgibt und mit der Maßnahme nicht einverstanden ist, findet die Sicherstellung hier keine Anwendung. Eine mildere und zugleich noch geeignete Befugnis ist hier nicht erkennbar.

Somit ist die geeignete Maßnahme auch erforderlich.

Die Maßnahme müsste auch angemessen sein.

Angemessen ist die Maßnahme, wenn sie zu dem angestrebten Erfolg nicht erkennbar außer Verhältnis steht. Es hat eine Rechtsgüterabwägung zu erfolgen.

Die zu schützenden Rechtsgüter sind hier der Strafverfolgungsanspruch des Staates im Rahmen einer qualifizierten Strafverfolgung.

Dem gegenüber steht das Grundrecht auf Eigentum gem. Art. 14 GG. F ist jedoch nicht Eigentümer des Fahrzeuges, sondern nur unrechtmäßiger Besitzer. Das zu schützende Rechtsgut überwiegt in der Wertigkeit das einzuschränkende Grundrecht, da F keinen Rechtsanspruch auf den Gegenstand hat. Die Maßnahme ist nur vorübergehender Natur und ohne bleibende Schäden für F. Nach Ablauf des Strafverfahrens wird der Gegenstand an den rechtmäßigen Eigentümer zurückgegeben.

Somit ist die Maßnahme auch angemessen.

Die Maßnahme ist insgesamt verhältnismäßig.

3.4 Besondere gesetzliche Pflichten/Formvorschriften

- Herausgabe von Beweismitteln gem. § 95 StPO,
- Einschränkung der Amtshilfepflicht und Beschlagnahmeverbote gem. §§ 96, 97 StPO,
- Beantragung der gerichtlichen Entscheidung gem. § 98 Abs. 2 StPO,
- Ausstellung einer Bescheinigung gem. § 107 StPO,
- Verzeichnis der beschlagnahmten Gegenstände gem. § 109 StPO.

3.5 Feststellung der Rechtmäßigkeit der Maßnahme

Die Beschlagnahme des Lieferwagens gem. § 94 Abs. 1, 2, § 98 Abs. 1 StPO ist im Ergebnis rechtmäßig.

2.5 Fälle zur Durchsuchung

Fall 11: Durchsuchung – §§ 102, 105 Abs. 1 StPO

Sachverhalt

Sie absolvieren Ihr bahnpolizeiliches Praktikum in der BPOLI Hamburg und sind, zusammen mit PHM Beier, zur Überwachung des Hamburger Hauptbahnhofes eingesetzt.

Sie beobachten soeben, wie eine männliche Person (M) die Geldbörse aus der Handtasche einer Reisenden (R) entwendet. Sie können M nach kurzer Verfolgung stellen. Nach erfolgtem Tatvorwurf der Straftat des Diebstahls gem. § 242 StGB und der dazugehörigen Rechtsbehelfsbelehrung (RBB) fordern Sie ihn auf, sich auszuweisen. M händigt Ihnen einen deutschen Personalausweis aus. Sie können seine Identität zweifelsfrei feststellen.

M leugnet die Tat und gibt an, die Geldbörse nicht zu besitzen. Mit der von Ihnen beabsichtigten Maßnahme ist M nicht einverstanden.

Aufgabe

Prüfen Sie die Rechtmäßigkeit der verfahrenssichernden Maßnahme, die Sie nun gegenüber M treffen (Ziffer 1.1 bis 3.5 des Prüfschemas)!

Lösungsvorschlag

1 Entscheidung

1.1 Entscheidung zu präventivem oder repressivem Handeln

Die Entscheidung zu präventivem oder repressivem Handeln ist zu treffen. M hat die Reisende R bestohlen.

Ein Schaden ist bereits eingetreten. Es liegt eine strafbare Handlung des Diebstahls gem. § 242 StGB vor.

Betroffen sind die Rechtsgüter der öffentlichen Sicherheit, hier die objektive Rechtsordnung, sowie das Eigentum der R. Eine Schadensvertiefung ist nicht möglich, da M gestellt wurde.

Es handelt sich um eine abgeschlossene Rechtsgutverletzung. Daher ist repressives Handeln zur Strafverfolgung erforderlich.

1.2 Benennung der zu treffenden Maßnahme

Bei der nun zu treffenden Maßnahme könnte es sich um eine Durchsuchung des Straftatverdächtigen M zum Auffinden von Beweismitteln gemäß §§ 102, 105 Abs. 1 StPO handeln.

2 Zuständigkeit

2.1 Sachliche Zuständigkeit

Die sachliche Zuständigkeit ergibt sich aus § 1 Abs. 2, § 12 Abs. 1 Nr. 5 BPolG i. V. m. § 163 Abs. 1 StPO i. V. m. § 58 Abs. 1 BPolG i. V. m. § 1 Abs. 1 BPolZV.

2.2 Örtliche Zuständigkeit

Die örtliche Zuständigkeit ergibt sich aus § 58 Abs. 1 BPolG i. V. m. § 2 Abs. 1 Nr. 2 BPolZV.

3 Eingriff

3.1 Befugnisnorm

Die Voraussetzungen für die Durchsuchung der Person gem. §§ 102, 105 Abs. 1 StPO müssten vorliegen.

Dazu müsste M zunächst <u>Straftatverdächtiger</u> sein.

Straftatverdächtig ist jeder, der aufgrund tatsächlicher Anhaltspunkte als Täter oder Teilnehmer einer Straftat in Betracht kommt.

Die Streife beobachtet M beim Handtaschendiebstahl auf frischer Tat. Die Strafbarkeit des Diebstahls gem. § 242 StGB ist gegeben.

Somit ist M Straftatverdächtiger.

Es müsste eine <u>Erfolgsvermutung zum Auffinden von Beweismitteln</u> vorliegen.

Eine Erfolgsvermutung liegt vor, wenn tatsächliche Anhaltspunkte dafür sprechen, dass das Ziel der Durchsuchung – hier das Auffinden von Beweismitteln – erreicht werden kann.

Beweismittel sind dabei alle beweglichen oder unbeweglichen Sachen, die unmittelbar oder mittelbar für die Tat oder die Umstände ihrer Begehung Beweis erbringen.

M wurde durch die Streife bei der Begehung eines Handtaschendiebstahls gestellt. Ziel der Durchsuchung des M ist es, genau diesen Gegenstand und darüber hinaus möglicherweise noch weitere Gegenstände, die mit der Tat in Verbindung stehen, aufzufinden. Sollte die Geldbörse bei M aufgefunden werden, kann im Strafverfahren der Beweis erbracht werden, dass M die Reisende R bestohlen hat. In der Geldbörse können sich u. a. Dokumente befinden, die zweifelsfrei die Geldbörse als Eigentum der R belegen können. Ggf. könnten daran auch Spuren wie z. B. Fingerabdrücke gesichert werden, um sie dem Täter zuzuordnen. Die Geldbörse kommt also als Beweismittel in Betracht. Es ist hinreichend wahrscheinlich, dass die Geldbörse als Beweismittel bei M aufgefunden wird.

Eine Erfolgsvermutung zum Auffinden von Beweismitteln liegt vor.

Die Voraussetzungen für die Durchsuchung gem. § 102 StPO liegen vor.

Es müsste eine <u>ordnungsgemäße Anordnung</u> für die Durchsuchung vorliegen. Die Anordnung obliegt gem. § 105 Abs. 1 StPO grds. dem Richter. Laut Sachverhalt liegt hier keine richterliche Anordnung vor.

Ausnahmsweise kann bei Gefahr im Verzug die Anordnung auch durch die Staatsanwaltschaft und ihre Ermittlungspersonen erfolgen.

Es müsste <u>Gefahr im Verzug</u> vorliegen.

Gefahr im Verzug liegt dann vor, wenn auf den richterlichen Durchsuchungsbeschluss nicht gewartet werden kann, weil aufgrund sachorientierter Lagebeurteilung zu befürchten ist, dass der Durchsuchungserfolg in der Zwischenzeit ernsthaft gefährdet oder gar vereitelt würde.

Der Straftatverdächtige M hat die Geldbörse entwendet. Würde hier keine unverzügliche Durchsuchung der Person des M erfolgen, könnten ggf. daran anhaftende Spuren vernichtet werden. M könnte das Beweismittel schlimmstenfalls sogar endgültig verschwinden lassen oder vernichten.

Gefahr im Verzug liegt somit vor.

Es müsste sich beim Anordnenden um eine <u>Ermittlungsperson der Staatsanwaltschaft</u> handeln.

Ermittlungsperson der Staatsanwaltschaft ist jeder PVB, der mindestens vier Jahre im Polizeivollzugsdienst ist (vgl. § 12 Abs. 5 BPolG oder § 152 Abs. 2 GVG).

PHM Beier ist aufgrund seiner Amtsbezeichnung unzweifelhaft mindestens vier Jahre im Polizeivollzugsdienst und damit Ermittlungsperson der Staatsanwaltschaft. Er ist somit anordnungsbefugt bei Gefahr in Verzug.

Die Voraussetzungen für die Maßnahme gem. § 105 Abs. 1 StPO sind somit erfüllt.

Insgesamt sind die Voraussetzungen für eine Durchsuchung des M zum Auffinden von Beweismitteln gem. §§ 102, 105 Abs. 1 StPO erfüllt.

3.2 Adressat

Die Maßnahme müsste sich gegen den richtigen Adressaten richten. Der Adressat der Maßnahme ergibt sich aus der Befugnisnorm selbst. Als Verdächtiger der Straftat ist M somit der richtige Adressat der Maßnahme.

3.3 Allgemeine Rechtmäßigkeitsvoraussetzungen/Verhältnismäßigkeit

Die Durchsuchung der Person zum Auffinden von Beweismitteln müsste verhältnismäßig sein.

Das ist sie, wenn sie geeignet, erforderlich und angemessen ist.

Die Maßnahme müsste geeignet sein.

Geeignet ist die Maßnahme, wenn sie objektiv zwecktauglich ist, das polizeiliche Ziel zu erreichen.

Polizeiliches Ziel ist es, die Geldbörse aufzufinden und damit eine qualifizierte Strafverfolgung zu gewährleisten. Eine Durchsuchung des M ermöglicht es, Beweismittel aufzufinden, diese der Tat und dem Täter zuzuordnen und damit im Strafverfahren den Beweis zu erbringen, dass M tatsächlich der Straftäter ist. Die Durchsuchung des M ist objektiv zwecktauglich, das polizeiliche Ziel zu erreichen.

Die Maßnahme ist somit geeignet.

Die Maßnahme müsste auch erforderlich sein.

Erforderlich ist eine Maßnahme, wenn sie von mehreren möglichen und geeigneten Maßnahmen diejenige ist, die den Einzelnen und die Allgemeinheit voraussichtlich am wenigsten beeinträchtigt.

Eine mögliche mildere Maßnahme als die Durchsuchung wäre die Befragung/Vernehmung oder die Aufforderung zur Herausgabe. M leugnet die Tat. Somit sind diese milderen Maßnahmen nicht geeignet. Es ist kein milderes Mittel als die Durchsuchung der Person zum Auffinden von Beweismitteln ersichtlich.

Die Maßnahme ist somit auch erforderlich.

Die Maßnahme müsste auch <u>angemessen</u> sein.

Angemessen ist eine Maßnahme, wenn sie zu dem angestrebten Erfolg nicht erkennbar außer Verhältnis steht. Eine Rechtsgüterabwägung hat zu erfolgen.

Durch die Maßnahme wird in das Grundrecht auf freie Entfaltung der Persönlichkeit gem. Art. 2 Abs. 1 GG und in die Würde des Menschen (Scham- und Ehrgefühl) gem. Art. 1 Abs. 1 GG sowie in das Grundrecht der Freiheit der Person, hier zumindest in Form einer Freiheitsbeschränkung gem. Art. 2 Abs. 2 Satz 2 i. V. m. Art. 104 Abs. 1 GG, eingegriffen. Geschützte Rechtsgüter sind die objektive Rechtsordnung sowie der Strafverfolgungsanspruch des Staates.

Die zu schützenden Rechtsgüter überwiegen in ihrer Wertigkeit. Die Maßnahme ist für M nur von kurzer Dauer. Sofern seitens der einschreitenden Polizeibeamten der Grundsatz der gleichgeschlechtlichen Durchsuchung und der besonderen Rücksicht auf das Scham- und Ehrgefühl des Betroffenen M während der Durchsuchung Beachtung findet, ist auch das Grundrecht des M auf Würde geachtet und geschützt. Die Maßnahme ist für M nur von kurzer Dauer und ohne bleibende Schäden. Da sich M durch seine Tat auch selbst in die Lage gebracht hat, steht der Nachteil, den er erleidet, insgesamt nicht außer Verhältnis zum angestrebten Erfolg der Maßnahme. Somit ist die Maßnahme auch angemessen.

Die Maßnahme ist insgesamt verhältnismäßig.

3.4 Besondere gesetzliche Pflichten/Formvorschriften

- Keine Verletzung des Scham- und Ehrgefühls gem. § 81d StPO,
- Hinzuziehung von Zeugen gem. § 105 Abs. 2 StPO,
- Bekanntgabe des Durchsuchungszwecks gem. § 106 Abs. 2 StPO,
- Mitteilung und Verzeichnis gem. § 107 StPO,
- Zufallsfund und einstweilige Beschlagnahme gem. § 108 StPO,
- Kennzeichnung der Gegenstände gem. § 109 StPO.

3.5 Feststellung der Rechtmäßigkeit der Maßnahme

Im Ergebnis ist die Durchsuchung des M zum Auffinden von Beweismitteln gem. §§ 102, 105 Abs. 1 StPO rechtmäßig.

Fall 12: Durchsuchung – §§ 102, 105 Abs. 1 StPO

Sachverhalt

Sie absolvieren Ihr Praktikum in der BPOLI Hamburg Flughafen und sind zusammen mit PHM Franz zur grenzpolizeilichen Einreisekontrolle des Fluges EZY 6555 aus London kommend eingesetzt.

Die Passagiere verlassen soeben das Flugzeug und werden an Ihrem Grenzkontrollschalter vorstellig. Plötzlich kommt eine Flugbegleiterin des o. g. Fluges auf Sie zu und deutet auf eine Frau (F) in der Mitte der Warteschlange. Die Flugbegleiterin gibt Ihnen gegenüber an, dass die Frau auf Platz 35A im Flugzeug gesessen habe und sie die F dabei beobachtet habe, wie F beim Aussteigen aus dem Flugzeug, die unter dem Sitz verstaute Rettungsweste in ihren Rucksack gesteckt und anschließend eilig das Flugzeug verlassen habe.

Die über Funk verständigte Landespolizei ist zurzeit leider im sog. »Servicepoint« mit einer Anzeigenaufnahme gebunden und bittet Sie, die Maßnahmen vor Ort zu treffen.

Sie befragen daraufhin die F und lassen sich das Flugticket zeigen. F hat tatsächlich auf Platz 35A gesessen. Nach erfolgtem Tatvorwurf der Straftat des Diebstahls gem. § 242 Abs. 1 StGB sowie der Beeinträchtigung von Nothilfemitteln gem. § 145 Abs. 2 Nr. 2 StGB und der dazugehörigen Rechtsbehelfsbelehrung (RBB) leugnet F die Tat und ist empört über die Vorwürfe. Zunächst stellen Sie die Identität der F fest.

Aufgabe

Prüfen Sie die Rechtmäßigkeit der Maßnahme, die Sie nun gegenüber F treffen (Ziffer 1.1 bis 3.5 des Prüfschemas)!

Lösungsvorschlag

1 Entscheidung

1.1 Entscheidung zu präventivem oder repressivem Handeln

Die Entscheidung zu präventivem oder repressivem Handeln ist zu treffen. F hat eine Rettungsweste gestohlen.

Ein Schaden ist bereits eingetreten. Es liegt eine strafbare Handlung des Diebstahls gem. § 242 Abs. 1 StGB und der Beeinträchtigung von Nothilfemitteln gem. § 145 Abs. 2 Nr. 2 StGB vor.

Betroffen sind die Rechtsgüter der öffentlichen Sicherheit, hier die objektive Rechtsordnung, sowie das Eigentum der Fluggesellschaft. Eine Schadensvertiefung ist nicht möglich, da F gestellt wurde.

Es handelt sich um eine abgeschlossene Rechtsgutverletzung. Repressives Handeln ist erforderlich.

1.2 Benennung der zu treffenden Maßnahme

Bei der nun zu treffenden Maßnahme könnte es sich um eine Durchsuchung der Sache (Rucksack) der Straftatverdächtigen F zum Auffinden von Beweismitteln gemäß §§ 102, 105 Abs. 1 StPO handeln.

2 Zuständigkeit

2.1 Sachliche Zuständigkeit

Die sachliche Zuständigkeit ergibt sich aus § 1 Abs. 2, § 12 Abs. 3 BPolG i. V. m. § 163 Abs. 1 StPO i. V. m. § 58 Abs. 1 BPolG i. V. m. § 1 Abs. 1 BPolZV.

2.2 Örtliche Zuständigkeit

Die örtliche Zuständigkeit ergibt sich aus § 58 Abs. 1 BPolG i. V. m. § 2 Abs. 1 Nr. 2 BPolZV.

3 Eingriff

3.1 Befugnisnorm

Die Voraussetzungen für die Durchsuchung der Sache (Rucksack) zum Auffinden von Beweismitteln gemäß §§ 102, 105 Abs. 1 StPO müssten vorliegen.

Dazu müsste F zunächst <u>Straftatverdächtige</u> sein.

Straftatverdächtig ist jeder, der aufgrund tatsächlicher Anhaltspunkte als Täter oder Teilnehmer einer Straftat in Betracht kommt.

Die Flugbegleiterin gibt an, dass die Frau auf Platz 35A im Flugzeug gesessen habe und sie die F dabei beobachtet habe, wie F beim Aussteigen aus dem Flugzeug die unter dem Sitz verstaute Rettungsweste in ihren Rucksack versteckt und anschließend eilig das Flugzeug verlassen habe. Die Flugbegleiterin ist Zeugin der Straftat geworden. Ein Straftatverdacht liegt vor.

Somit ist F Straftatverdächtige.

Es müsste eine Erfolgsvermutung zum Auffinden von Beweismitteln vorliegen.

Eine Erfolgsvermutung liegt vor, wenn tatsächliche Anhaltspunkte dafürsprechen, dass das Ziel der Durchsuchung – hier das Auffinden von Beweismitteln – erreicht werden kann.

Beweismittel sind dabei alle beweglichen oder unbeweglichen Sachen, die unmittelbar oder mittelbar für die Tat oder die Umstände ihrer Begehung Beweis erbringen.

Ziel der Durchsuchung der Sache der F, hier konkret des Rucksackes, ist es, die Rettungsweste aufzufinden. Sollte sich die Rettungsweste im Rucksack der F befinden, kann im Strafverfahren der Beweis erbracht werden, dass F die Tat begangen hat. Auf der Rettungsweste befindet sich die Nummer des Flugzeugs und des Sitzplatzes. Dadurch ist sie konkret zuordenbar. Die Rettungsweste kommt als Beweismittel in Betracht. Aufgrund der Zeugenaussage der Flugbegleiterin ist es hinreichend wahrscheinlich, dass sich die Rettungsweste im Rucksack der F befindet. Eine Durchsuchung des mitgeführten Rucksackes ermöglicht es, die Rettungsweste aufzufinden, diese der Tat und dem Täter zuzuordnen und damit im Strafverfahren den Beweis zu erbringen, dass F tatsächlich die Straftäterin ist.

Eine Erfolgsvermutung zum Auffinden von Beweismitteln liegt also vor.

Die Voraussetzungen für die Durchsuchung gem. § 102 StPO liegen vor.

Es müsste eine ordnungsgemäße Anordnung für die Durchsuchung vorliegen. Die Anordnung obliegt gem. § 105 Abs. 1 StPO grds. dem Richter. Laut Sachverhalt liegt hier keine richterliche Anordnung vor.

Ausnahmsweise kann bei Gefahr im Verzug die Anordnung auch durch die Staatsanwaltschaft und ihre Ermittlungspersonen erfolgen.

Es müsste Gefahr im Verzug vorliegen.

Gefahr im Verzug liegt dann vor, wenn auf den richterlichen Durchsuchungsbeschluss nicht gewartet werden kann, weil aufgrund sachorientierter Lagebeurteilung zu befürchten ist, dass der Durchsuchungserfolg in der Zwischenzeit ernsthaft gefährdet oder gar vereitelt würde.

Die Straftatverdächtige F hat die Rettungsweste in den Rucksack gesteckt. Würde hier keine unverzügliche Durchsuchung des Rucksackes erfolgen, könnten ggf. an der Rettungsweste anhaftende Spuren vernichtet werden oder F könnte das Beweismittel schlimmstenfalls sogar endgültig verschwinden lassen oder vernichten.

Gefahr im Verzug liegt somit vor.

Es müsste sich beim Anordnenden um eine Ermittlungsperson der Staatsanwaltschaft handeln.

Ermittlungsperson der Staatsanwaltschaft ist jeder PVB, der mindestens vier Jahre im Polizeivollzugsdienst ist (vgl. § 12 Abs. 5 BPolG oder § 152 Abs. 2 GVG).

PHM Franz ist aufgrund seiner Amtsbezeichnung unzweifelhaft mindestens vier Jahre im Polizeivollzugsdienst und damit Ermittlungsperson der Staatsanwaltschaft. Er ist somit anordnungsbefugt bei Gefahr in Verzug.

Die Voraussetzungen für die Maßnahme gem. § 105 Abs. 1 StPO sind somit erfüllt.

Insgesamt sind die Voraussetzungen für eine Durchsuchung der Sache zum Auffinden von Beweismitteln gem. §§ 102, 105 Abs. 1 StPO erfüllt.

3.2 Adressat

Die Maßnahme müsste sich gegen den richtigen Adressaten richten. Der Adressat der Maßnahme ergibt sich aus der Befugnisnorm selbst. Als Verdächtige der Straftat ist F somit die richtige Adressatin der Maßnahme.

3.3 Allgemeine Rechtmäßigkeitsvoraussetzungen/Verhältnismäßigkeit

Die Durchsuchung der Sache zum Auffinden von Beweismitteln müsste verhältnismäßig sein.

Das ist sie, wenn sie geeignet, erforderlich und angemessen ist.

Die Maßnahme müsste zunächst geeignet sein.

Geeignet ist die Maßnahme, wenn sie objektiv zwecktauglich ist, das polizeiliche Ziel zu erreichen.

Polizeiliches Ziel ist es, die Rettungsweste als Beweismittel aufzufinden und damit eine qualifizierte Strafverfolgung zu gewährleisten. Die Durchsuchung des Rucksackes ist objektiv zwecktauglich, das polizeiliche Ziel zu erreichen.

Die Maßnahme ist somit geeignet.

Die Maßnahme müsste auch erforderlich sein.

Erforderlich ist eine Maßnahme, wenn sie von mehreren möglichen und geeigneten Maßnahmen diejenige ist, die den Einzelnen und die Allgemeinheit voraussichtlich am wenigsten beeinträchtigt.

Eine mögliche mildere Maßnahme als die Durchsuchung wäre eine Befragung. Diese Maßnahme wurde getroffen, allerdings leugnet F die Tat. Sie ist auch nicht verpflichtet, sich im Strafverfahren selbst zu belasten. Daher führt diese Maßnahme nicht zum polizeilichen Ziel. Es ist kein milderes Mittel als die Durchsuchung des Rucksackes zum Auffinden von Beweismitteln ersichtlich.

Die Maßnahme ist somit auch erforderlich.

Die Maßnahme müsste auch angemessen sein.

Angemessen ist eine Maßnahme, wenn sie zu dem angestrebten Erfolg nicht erkennbar außer Verhältnis steht. Eine Rechtsgüterabwägung hat zu erfolgen.

Durch die Maßnahme wird in das Grundrecht der freien Entfaltung der Persönlichkeit gem. Art. 2 Abs. 1 GG, in das Grundrecht auf Eigentum gem. Art. 14 GG und in das Grundrecht der Freiheit der Person, hier durch das erforderliche Anhalten zur Durchsuchung zumindest in Form einer Freiheitsbeschränkung gem. Art. 2 Abs. 2 Satz 2 i. V. m. Art. 104 Abs. 1 GG, eingegriffen. Geschützte Rechtsgüter sind die objektive Rechtsordnung sowie der Strafverfolgungsanspruch des Staates.

Die zu schützenden Rechtsgüter überwiegen in ihrer Wertigkeit. Die Maßnahme ist nur von kurzer Dauer und ohne bleibenden Schaden. Da F sich durch die Tat selbst in die Lage gebracht hat, steht der Nachteil, den sie erleidet, insgesamt nicht außer Verhältnis zum angestrebten Erfolg der Maßnahme. Somit ist die Maßnahme auch angemessen.

Die Maßnahme ist insgesamt verhältnismäßig.

3.4 Besondere gesetzliche Pflichten/Formvorschriften

- Anwesenheitsrecht des Inhabers gem. § 106 StPO,
- Bekanntgabe des Durchsuchungszwecks gem. § 106 Abs. 2 StPO,
- Mitteilung und Verzeichnis gem. § 107 StPO,
- Zufallsfund und einstweilige Beschlagnahme gem. § 108 StPO,
- Kennzeichnung der Gegenstände gem. § 109 StPO.

3.5 Feststellung der Rechtmäßigkeit der Maßnahme

Im Ergebnis ist die Durchsuchung der Sache (Rucksack) zum Auffinden von Beweismitteln gem. §§ 102, 105 Abs. 1 StPO rechtmäßig.

Fall 13: Durchsuchung – §§ 102, 105 Abs. 1 StPO

Sachverhalt

Sie absolvieren Ihr grenzpolizeiliches Praktikum in der BPOLI Forst und sind zusammen mit PHM Geißler zur Überwachung des 30-km-Bereiches eingesetzt.

Aufgrund von Ermittlungen und Lageerkenntnissen ist bekannt, dass am heutigen Tag eine sog. »Behältnisschleusung« von syrischen Staatsangehörigen in Ihrem Zuständigkeitsbereich stattfinden soll. Sie wissen, dass die Pässe und Dokumente sowie Handys und sonstige persönliche Gegenstände der geschleusten Personen durch die Schleuser abgenommen werden.

Sie kontrollieren soeben einen fahndungsrelevanten Lieferwagen.

Sie stellen die Identität des Fahrers (F) fest. Eine fahndungsmäßige Überprüfung des F ergibt, dass dieser in der Vergangenheit als sog. »Schleuser« und den damit verbundenen Straftaten aus dem Aufenthaltsgesetz in Erscheinung getreten ist.

Bei der Durchsuchung des Fahrzeuges entdecken Sie zwei ausländisch aussehende Männer auf der Ladefläche des Fahrzeuges. Diese sprechen kein Deutsch und können sich nicht ausweisen und zeigen auf den F.

Sie eröffnen gegenüber F den Tatvorwurf des Einschleusens von Ausländern gem. § 96 AufenthG und belehren ihn über seine Rechte. F leugnet die Tat und stellt sich unwissend, wieso sich zwei Männer auf seiner Ladefläche befinden.

Aufgabe

Prüfen Sie die Rechtmäßigkeit der verfahrenssichernden Maßnahme, die Sie nun gegenüber F treffen (Ziffer 1.1 bis 3.5 des Prüfschemas)!

Lösungsvorschlag

1 Entscheidung

1.1 Entscheidung zu präventivem oder repressivem Handeln

Die Entscheidung zu präventivem oder repressivem Handeln ist zu treffen. F hat vermutlich zwei Männer eingeschleust.

Ein Schaden ist bereits eingetreten. Es liegt eine strafbare Handlung des Einschleusens von Ausländern gem. § 96 AufenthG vor.

Betroffen sind die Rechtsgüter der öffentlichen Sicherheit, hier die objektive Rechtsordnung, sowie die Sicherheit der Grenze. Eine Schadensvertiefung ist nicht möglich, da F und die beiden vermutlich eingeschleusten Männer gestellt wurden.

Es handelt sich somit um eine abgeschlossene Rechtsgutverletzung. Daher ist ein repressives Handeln erforderlich.

1.2 Benennung der zu treffenden Maßnahme

Bei der nun zu treffenden Maßnahme könnte es sich um eine Durchsuchung des Straftatverdächtigen F zum Auffinden von Beweismitteln gemäß §§ 102, 105 Abs. 1 StPO handeln.

2 Zuständigkeit

2.1 Sachliche Zuständigkeit

Die sachliche Zuständigkeit ergibt sich aus § 1 Abs. 2, § 12 Abs. 1 Nr. 2 BPolG i. V. m. § 163 Abs. 1 StPO i. V. m. § 58 Abs. 1 BPolG i. V. m. § 1 Abs. 1 BPolZV.

2.2 Örtliche Zuständigkeit

Die örtliche Zuständigkeit ergibt sich aus § 58 Abs. 1 BPolG i. V. m. § 2 Abs. 1 Nr. 8 BPolZV.

3 Eingriff

3.1 Befugnisnorm

Die Voraussetzungen für die Durchsuchung gemäß §§ 102, 105 Abs. 1 StPO müssten vorliegen.

Dazu müsste F zunächst Straftatverdächtiger sein.

Straftatverdächtig ist jeder, der aufgrund tatsächlicher Anhaltspunkte als Täter oder Teilnehmer einer Straftat in Betracht kommt.

F hat sich der Straftat des Einschleusens von Ausländern gem. § 96 StGB verdächtig gemacht.

Somit ist F Straftatverdächtiger.

Es müsste ferner eine Erfolgsvermutung zum Auffinden von Beweismitteln vorliegen.

Eine Erfolgsvermutung liegt vor, wenn tatsächliche Anhaltspunkte dafür sprechen, dass das Ziel der Durchsuchung – hier das Auffinden von Beweismitteln – erreicht werden kann.

Beweismittel sind dabei alle beweglichen oder unbeweglichen Sachen, die unmittelbar oder mittelbar für die Tat oder die Umstände ihrer Begehung Beweis erbringen.

F wurde auf frischer Tat durch die Streife bei der Begehung der Straftat gestellt. Ziel der Durchsuchung ist es, Gegenstände (u. a. Pässe, Dokumente), die mit der Tat in Verbindung stehen, aufzufinden. Sollten diese Gegenstände bei F aufgefunden werden, kann im Strafverfahren der Beweis erbracht werden, dass F die zwei Personen eingeschleust hat.

Eine Erfolgsvermutung zum Auffinden von Beweismitteln liegt also vor.

Die Voraussetzungen für die Durchsuchung gem. § 102 StPO liegen vor.

Es müsste eine ordnungsgemäße Anordnung für die Durchsuchung vorliegen. Die Anordnung obliegt gem. § 105 Abs. 1 StPO grds. dem Richter. Laut Sachverhalt liegt keine richterliche Anordnung vor.

Ausnahmsweise kann bei Gefahr im Verzug die Anordnung aber auch durch die Staatsanwaltschaft und ihre Ermittlungspersonen erfolgen.

Es müsste Gefahr im Verzug vorliegen.

Gefahr im Verzug liegt dann vor, wenn auf den richterlichen Durchsuchungsbeschluss nicht gewartet werden kann, weil aufgrund sachorientierter Lagebeurteilung zu befürchten ist, dass der Durchsuchungserfolg in der Zwischenzeit ernsthaft gefährdet oder gar vereitelt würde.

Der Straftatverdächtige F hat vermutlich zwei Männer eingeschleust. Würde hier keine unverzügliche Durchsuchung der Person F erfolgen, könnte F Spuren und Nachweise, die ihn mit der Tat in Verbindung bringen, vernichten oder verschwinden lassen.

Gefahr im Verzug liegt somit vor.

Es müsste sich bei der anordnenden Person um eine Ermittlungsperson der Staatsanwaltschaft handeln.

Ermittlungsperson der Staatsanwaltschaft ist jeder PVB, der mindestens vier Jahre im Polizeivollzugsdienst ist (vgl. § 12 Abs. 5 BPolG oder § 152 Abs. 2 GVG).

PHM Geißler ist aufgrund seiner Amtsbezeichnung unzweifelhaft mindestens vier Jahre im Polizeivollzugsdienst und damit Ermittlungsperson der Staatsanwaltschaft. Er ist somit anordnungsbefugt bei Gefahr in Verzug.

Die Voraussetzungen für die Maßnahme gem. § 105 Abs. 1 StPO sind somit erfüllt.

Insgesamt sind die Voraussetzungen für eine Durchsuchung des F zum Auffinden von Beweismitteln gem. §§ 102, 105 Abs. 1 StPO somit erfüllt.

3.2 Adressat

Die Maßnahme müsste sich gegen den richtigen Adressaten richten. Der Adressat der Maßnahme ergibt sich aus der Befugnisnorm selbst. Als Verdächtiger der Straftat ist F somit der richtige Adressat der Maßnahme.

3.3 Allgemeine Rechtmäßigkeitsvoraussetzungen/Verhältnismäßigkeit

Die Maßnahme müsste verhältnismäßig sein.

Das ist sie, wenn sie geeignet, erforderlich und angemessen ist.

Die Maßnahme müsste geeignet sein.

Geeignet ist die Maßnahme, wenn sie objektiv zwecktauglich ist, das polizeiliche Ziel zu erreichen.

Polizeiliches Ziel ist es, die Beweismittel aufzufinden und damit eine qualifizierte Strafverfolgung zu gewährleisten. Eine Durchsuchung des F ermöglicht es, Beweismittel (wie Pässe, Schleuserlohn) aufzufinden, diese der Tat und dem Täter zuzuordnen und damit im Strafverfahren den Beweis zu erbringen, dass F tatsächlich die beiden Männer eingeschleust hat. Die Durchsuchung des F ist objektiv zwecktauglich, das polizeiliche Ziel zu erreichen.

Die Maßnahme ist somit geeignet.

Die Maßnahme müsste auch erforderlich sein.

Erforderlich ist eine Maßnahme, wenn sie von mehreren möglichen und geeigneten Maßnahmen diejenige ist, die den Einzelnen und die Allgemeinheit voraussichtlich am wenigsten beeinträchtigt.

Eine mildere Maßnahme wäre die Befragung des F und die Aufforderung, Gegenstände herauszugeben. F leugnet die Tat und stellt sich unwissend. Auf diese Weise würde das polizeiliche Ziel nicht sicher erreicht werden. Es ist kein milderes Mittel als die Durchsuchung zum Auffinden von Beweismitteln ersichtlich.

Die Maßnahme ist somit auch erforderlich.

Die Maßnahme müsste auch angemessen sein.

Angemessen ist eine Maßnahme, wenn sie zu dem angestrebten Erfolg nicht erkennbar außer Verhältnis steht. Eine Rechtsgüterabwägung hat zu erfolgen.

Durch die Maßnahme wird in das Grundrecht der freien Entfaltung der Persönlichkeit gem. Art. 2 Abs. 1 GG und in die Würde des Menschen (Ehr- und Schamgefühl) gem. Art. 1 Abs. 1 GG sowie in das Grundrecht der Freiheit der Person, hier zumindest in Form einer Freiheitsbeschränkung gem.

Art. 2 Abs. 2 Satz 2 i. V. m. Art. 104 Abs. 1 GG, eingegriffen. Geschützte Rechtsgüter sind dem gegenüber die objektive Rechtsordnung und der Strafverfolgungsanspruch des Staates.

Die zu schützenden Rechtsgüter überwiegen in ihrer Wertigkeit. Die Maßnahme ist für F nur von kurzer Dauer. Sofern seitens der einschreitenden PVB der Grundsatz der gleichgeschlechtlichen Durchsuchung und der besonderen Rücksicht auf das Scham- und Ehrgefühl des Betroffenen F während der Durchsuchung Beachtung findet, ist auch das Grundrecht des F auf Würde geachtet und geschützt. Die Maßnahme ist für F nur von kurzer Dauer und ohne bleibende Schäden. Da sich F durch seine Tat auch selbst in die Lage gebracht hat, steht der Nachteil, den er erleidet, insgesamt nicht außer Verhältnis zum angestrebten Erfolg der Maßnahme. Somit ist die Maßnahme auch angemessen.

Die Maßnahme ist insgesamt verhältnismäßig.

3.4 Besondere gesetzliche Pflichten/Formvorschriften

- Keine Verletzung des Schamgefühls gem. § 81d StPO,
- Hinzuziehung von Zeugen gem. § 105 Abs. 2 StPO,
- Bekanntgabe des Durchsuchungszwecks gem. § 106 Abs. 2 StPO,
- Mitteilung und Verzeichnis gem. § 107 StPO,
- Zufallsfund und einstweilige Beschlagnahme gem. § 108 StPO,
- Kennzeichnung der Gegenstände gem. § 109 StPO,
- Durchsicht von Papieren gem. § 110 Abs. 1 StPO.

3.5 Feststellung der Rechtmäßigkeit der Maßnahme

Im Ergebnis ist die Durchsuchung des F zum Auffinden von Beweismitteln gem. §§ 102, 105 Abs. 1 StPO rechtmäßig.

Fall 14: Durchsuchung – §§ 102, 105 Abs. 1 StPO

Sachverhalt

Sie sind im Rahmen Ihres bahnpolizeilichen Praktikums in der BPOLI Hamburg eingesetzt. Zusammen mit PHM Beier haben Sie den Auftrag, am heutigen Tag den Ermittlungsdienst bei einem Schwerpunkteinsatz gegen Straftaten der Sachbeschädigung (Graffiti) gem. § 303 StGB im Bereich des Güterbahnhofes Maschen zu unterstützen. In der Vergangenheit kam es vornehmlich in den Abend- und Nachtstunden zu Graffitistraftaten an abgestellten Güterzügen zum Nachteil der DB AG. Die Täter nutzten den Schutz der Dunkelheit und die Abgelegenheit des Güterbahnhofes, um in Ruhe ihre »Kunstwerke« zu fertigen. Bisher konnten die Täter nicht gestellt werden.

Während des Überwachungsauftrages hören Sie plötzlich das Klappern einer Dose und Sprühgeräusche, die aus Richtung eines abgestellten Güterwaggons kommen. Sie begeben sich sofort antretend in die Richtung der Geräusche und sehen, wie eine dunkel gekleidete, männliche Person (A) mithilfe einer Farbsprühdose soeben ein großflächiges »Kunstwerk« (Graffiti) an einem abgestellten Güterwaggon anbringt.

Sie stellen A auf frischer Tat. Nach erfolgter Befragung stellt sich heraus, dass A keine Berechtigung zum Aufenthalt auf dem Bahngelände und zum »Verschönern« der Güterzüge hat.

Sie eröffnen A den Tatvorwurf der Straftat der Sachbeschädigung gem. § 303 StGB und belehren ihn über seine Rechte. A händigt sein Personaldokument aus. Eine fahndungsmäßige Überprüfung des A verläuft negativ. Bei der Durchsuchung der Person des A und seiner mitgeführten Sachen zur Eigensicherung und zum Auffinden von Beweismitteln finden Sie Skizzen, ein sog. »blackbook« sowie einen Ausdruck von »Google Earth« des Güterbahnhofes Maschen. Die Gegenstände beschlagnahmen Sie als Beweismittel, da A sie nicht freiwillig herausgibt. Zur erkennungsdienstlichen Behandlung nehmen Sie A mit zur Dienststelle.

Aufgabe

Prüfen Sie die Rechtmäßigkeit der Maßnahme, die Sie nun hinsichtlich der Wohnung des A treffen (Ziffer 1.1 bis 3.5 des Prüfschemas)!

Hinweis: Eine ordnungsgemäße Anordnung durch den Richter liegt vor!

Lösungsvorschlag

1 Entscheidung

1.1 Entscheidung zu präventivem oder repressivem Handeln

Die Entscheidung zu präventivem oder repressivem Handeln ist zu treffen. A hat einen Güterwaggon großflächig mit einem Graffiti besprüht. Ein Schaden ist dadurch bereits eingetreten. Es kam zu einer Straftat (Sachbeschädigung gem. § 303 StGB).

Die Person A ist gestellt. Somit ist eine Schadensvertiefung nicht mehr möglich.

Betroffen sind die Rechtsgüter der öffentlichen Sicherheit, hier die objektive Rechtsordnung, und das Individualrechtsgut auf Eigentum der DB AG.

Es handelt sich um eine abgeschlossene Rechtsgutverletzung. Ein repressives Tätigwerden zur Strafverfolgung ist daher angezeigt.

1.2 Benennung der zu treffenden Maßnahme

Bei der nun zu treffenden Maßnahme könnte es sich um eine Durchsuchung der Wohnung des Straftatverdächtigen A zum Auffinden von Beweismitteln gemäß §§ 102, 105 Abs. 1 StPO handeln.

2 Zuständigkeit

2.1 Sachliche Zuständigkeit

Die sachliche Zuständigkeit ergibt sich aus § 1 Abs. 1, § 12 Abs. 1 Nr. 5 BPolG i. V. m. § 163 Abs. 1 StPO i. V. m. § 58 Abs. 1 BPolG i. V. m. § 1 Abs. 1 BPolZV.

2.2 Örtliche Zuständigkeit

Die örtliche Zuständigkeit ergibt sich aus § 58 Abs. 1 BPolG i. V. m. § 2 Abs. 1 Nr. 2 BPolZV.

3 Eingriff

3.1 Befugnisnorm

Die Voraussetzungen für die Durchsuchung der Wohnung gemäß §§ 102, 105 Abs. 1 StPO müssten vorliegen.

Dazu müsste A zunächst Straftatverdächtiger sein.

Straftatverdächtig ist jeder, der aufgrund tatsächlicher Anhaltspunkte als Täter oder Teilnehmer einer Straftat in Betracht kommt.

A hat sich der Straftat Sachbeschädigung (Graffiti) gem. § 303 StGB verdächtig gemacht.

Somit ist A Straftatverdächtiger.

Es müsste eine Erfolgsvermutung zum Auffinden von Beweismitteln vorliegen.

Eine Erfolgsvermutung liegt vor, wenn tatsächliche Anhaltspunkte dafürsprechen, dass das Ziel der Durchsuchung – hier das Auffinden von Beweismitteln – erreicht werden kann.

Beweismittel sind dabei alle beweglichen oder unbeweglichen Sachen, die unmittelbar oder mittelbar für die Tat oder die Umstände ihrer Begehung Beweis erbringen.

Bei der Durchsuchung der Person des A und seiner mitgeführten Sachen wurden bereits Skizzen, ein sog. »blackbook« sowie ein Ausdruck von »Google Earth« des Güterbahnhofes Maschen aufgefunden. In der Vergangenheit kam es wiederholt zu Graffitistraftaten an abgestellten Güterzügen zum Nachteil der DB AG. Es ist nicht auszuschließen, dass es sich bei A um einen Wiederholungstäter handelt. Es ist anzunehmen, dass sich in seiner Wohnung weitere Beweismittel auffinden lassen.

Eine Erfolgsvermutung zum Auffinden von Beweismitteln liegt also vor.

Die Voraussetzungen für die Durchsuchung gem. § 102 StPO liegen vor.

Es müsste eine ordnungsgemäße Anordnung für die Durchsuchung vorliegen. Die Anordnung obliegt gem. § 105 Abs. 1 StPO grds. dem Richter. Laut Sachverhalt liegt eine richterliche Anordnung vor.

Die Voraussetzungen für die Maßnahme gem. § 105 Abs. 1 StPO sind somit erfüllt.

Insgesamt sind die Voraussetzungen für eine Durchsuchung der Wohnung des A zum Auffinden von Beweismitteln gem. §§ 102, 105 Abs. 1 StPO somit erfüllt.

3.2 Adressat

Die Maßnahme müsste sich gegen den richtigen Adressaten richten. Der Adressat der Maßnahme ergibt sich aus der Befugnisnorm selbst. Als Verdächtiger der Straftat ist A somit der richtige Adressat der Maßnahme.

3.3 Allgemeine Rechtmäßigkeitsvoraussetzungen/Verhältnismäßigkeit

Die Durchsuchung der Wohnung des A müsste verhältnismäßig sein.

Das ist sie, wenn sie geeignet, erforderlich und angemessen ist.

Die Maßnahme müsste geeignet sein.

Geeignet ist die Maßnahme, wenn sie objektiv zwecktauglich ist, das polizeiliche Ziel zu erreichen.

Polizeiliches Ziel ist es, Beweismittel in der Wohnung des A aufzufinden und damit eine qualifizierte Strafverfolgung zu gewährleisten. Die Durchsuchung der Wohnung des A ist objektiv zwecktauglich, das polizeiliche Ziel zu erreichen. Die Maßnahme ist somit geeignet.

Die Maßnahme müsste auch erforderlich sein.

Erforderlich ist eine Maßnahme, wenn sie von mehreren möglichen und geeigneten Maßnahmen diejenige ist, die den Einzelnen und die Allgemeinheit voraussichtlich am wenigsten beeinträchtigt.

Ein milderes Mittel wäre eine Befragung/Vernehmung des A. Er muss sich im Strafverfahren jedoch nicht selbst belasten. Es stellt somit eine unsichere Maßnahme dar. Die Person selbst und die mitgeführten Sachen wurden ebenfalls als mildere Maßnahme bereits nach Beweismitteln durchsucht. Daher ist kein milderes Mittel als die Durchsuchung der Wohnung zum Auffinden von Beweismitteln für weitere Straftaten ersichtlich.

Die Maßnahme ist somit auch erforderlich.

Die Maßnahme müsste auch angemessen sein.

Angemessen ist eine Maßnahme, wenn sie zu dem angestrebten Erfolg nicht erkennbar außer Verhältnis steht. Eine Rechtsgüterabwägung hat zu erfolgen.

Durch die Maßnahme wird in das Grundrecht der Unverletzlichkeit der Wohnung gem. Art. 13 GG eingegriffen. Geschützte Rechtsgüter sind die objektive Rechtsordnung sowie der Strafverfolgungsanspruch des Staates.

Die zu schützenden Rechtsgüter überwiegen in ihrer Wertigkeit. Ein Richter hat bereits über die Maßnahme entschieden. Sofern während der Durchsuchung der Wohnung die gesetzlich vorgeschriebenen Formvorschriften Beachtung finden, ist die Maßnahme nur von kurzer Dauer und ohne bleibenden Schaden. Da sich A durch seine Tat auch selbst in die Lage gebracht hat, steht der Nachteil, den er erleidet, insgesamt nicht außer Verhältnis zum angestrebten Erfolg der Maßnahme. Somit ist die Maßnahme auch angemessen.

Die Maßnahme ist insgesamt verhältnismäßig.

3.4 Besondere gesetzliche Pflichten/Formvorschriften

- Durchsuchung zur Nachtzeit gem. § 104 StPO,
- Hinzuziehung von Zeugen gem. § 105 Abs. 2 StPO,
- Anwesenheitsrecht des Inhabers gem. § 106 StPO,
- Bekanntgabe des Durchsuchungszwecks gem. § 106 Abs. 2 StPO,
- Mitteilung und Verzeichnis gem. § 107 StPO,
- Zufallsfund und einstweilige Beschlagnahme gem. § 108 StPO,
- Kennzeichnung der Gegenstände gem. § 109 StPO,
- Durchsicht von Papieren gem. § 110 Abs. 1 StPO.

3.5 Feststellung der Rechtmäßigkeit der Maßnahme

Im Ergebnis ist die Durchsuchung der Wohnung des A zum Auffinden von Beweismitteln gem. §§ 102, 105 Abs. 1 StPO rechtmäßig.

2.6 Fälle zur Einziehung

Fall 15: Einziehung – § 111b StPO

Sachverhalt

Sie absolvieren Ihr verbandspolizeiliches Praktikum in der BPOLABT Ratzeburg.

Am heutigen Tag sind Sie, zusammen mit PHM Thieme, zur Unterstützung der BPOLI Hamburg anlässlich eines Fußballspiels in Hamburg eingesetzt.

Im Rahmen der Vorkontrollen auf dem Hamburger Hauptbahnhof kommt es zu einer körperlichen Auseinandersetzung zweier rivalisierender Fußballfans (H und P). Es gelingt Ihnen, die beiden voneinander zu trennen. Nach erfolgtem Tatvorwurf und dazugehöriger Rechtsbehelfsbelehrung, stellen Sie die Identität der beiden fest.

H weist sich Ihnen gegenüber mit seinem Personalausweis aus und erhält von Ihnen nach Abschluss aller strafprozessualen Maßnahmen einen Platzverweis für den Bereich des Hamburger Hauptbahnhofes.

P führt kein Ausweisdokument mit. Er ist unkooperativ und möchte keine näheren mündlichen Angaben zu seiner Person tätigen. Daher entscheiden Sie sich, die mitgeführte Tasche sowie die Person selbst zum Auffinden von Ausweispapieren zu durchsuchen. Hierbei finden Sie in der Hosentasche des P ein Faustmesser und seinen deutschen Personalausweis.

Sie eröffnen P den Tatvorwurf bzgl. des Faustmessers und belehren ihn über seine Rechte.

Aufgabe

Prüfen Sie die Rechtmäßigkeit der nun vordringlich zu treffenden strafvollstreckungssichernden Maßnahme hinsichtlich des Faustmessers (Ziffer 1 bis 3.5 des Prüfschemas)!

Hinweis: Die Straftat gem. § 52 Abs. 3 Nr. 1 i. V. m. Anlage 2, Abschnitt 1 Ziffer 1.4.2 WaffG ist gegeben.

Lösungsvorschlag

1 Entscheidung

1.1 Entscheidung zu präventivem oder repressivem Handeln

Die Entscheidung zu präventivem oder repressivem Handeln ist zu treffen. Bei der Durchsuchung des P wird ein Faustmesser aufgefunden.

Ein Schaden ist dadurch bereits eingetreten. Es liegt eine Straftat nach dem WaffG vor. Eine Schadensvertiefung ist nicht möglich, da P polizeilich gestellt wurde.

Betroffenes Rechtsgut ist die objektive Rechtsordnung.

Es handelt sich um eine abgeschlossene Rechtsgutverletzung. Es ist repressives Handeln zur Strafverfolgung erforderlich.

1.2 Benennung der zu treffenden Maßnahme

Bei der nun zu treffenden Maßnahme könnte es sich um die Beschlagnahme zur Sicherung der Einziehung gem. §§ 111b, 111c, 111j, 111k StPO i. V. m. § 74 Abs. 2 StGB i. V. m. § 54 Abs. 1 Nr. 1 WaffG handeln.

2 Zuständigkeit

2.1 Sachliche Zuständigkeit

Die sachliche Zuständigkeit ergibt sich aus § 1 Abs. 2, § 12 Abs. 3 BPolG i. V. m. § 163 Abs. 1 StPO i. V. m. § 58 Abs. 1 BPolG i. V. m. § 1 Abs. 1 BPolZV.

2.2 Örtliche Zuständigkeit

Die örtliche Zuständigkeit ergibt sich aus § 58 Abs. 1 BPolG i. V. m. § 2 Abs. 1 Nr. 2 BPolZV.

3 Eingriff

3.1 Befugnisnorm

Zu prüfen sind die Voraussetzungen einer Beschlagnahme zur Sicherung der Einziehung gem. §§ 111b, 111c, 111j, 111k StPO i. V. m. § 74 Abs. 2 StGB i. V. m. § 54 Abs. 1 Nr. 1 WaffG.

Es müsste eine Straftat vorliegen.

Durch das Führen des Faustmessers hat P eine Straftat gem. § 52 Abs. 3 Nr. 1 i. V. m. Anlage 2, Abschnitt 1 Ziffer 1.4.2 WaffG begangen. Das Faustmesser stellt eine verbotene Waffe gem. § 2 Abs. 3 i. V. m. Anlage 2 (Waffenliste), Abschnitt 1 WaffG dar, dessen Umgang verboten ist.

Somit liegt eine Straftat vor.

Es ist festzustellen, ob es sich bei dem zu beschlagnahmenden Gegenstand um einen Einziehungsgegenstand handelt.

Einziehungsgegenstände sind gem. § 74 Abs. 1, 2 StGB Tatprodukte, Tatmittel oder Tatobjekte.

Der Gegenstand (Faustmesser) könnte ein Tatobjekt sein.

Ein Objekt der Tat ist ein tatnotwendiges Mittel.

Das Faustmesser ist ein Gegenstand, auf den sich die Straftat bezieht. Ohne das Faustmesser ist die Begehung der Straftat nicht möglich. P führt das Faustmesser bei sich und verwirklicht so den o. g. Straftatbestand des Umganges mit verbotenen Waffen. Das Faustmesser als Beziehungsgegenstand ist ein tatnotwendiges Mittel.

Es handelt sich um ein Tatobjekt und somit um einen Einziehungsgegenstand.

Gegenstände, auf die sich eine Straftat bezieht (Tatobjekte), unterliegen der Einziehung nach Maßgabe besonderer Vorschriften gem. § 74 Abs. 2 StGB.

Als besondere Vorschrift der Einziehung kommt hier § 54 Abs. 1 Nr. 1 WaffG in Betracht. Das Faustmesser ist ein Tatobjekt, also ein Gegenstand, auf den sich eine Straftat, hier nach dem Waffengesetz, bezieht. Durch das Beisichtragen hat P den Straftatbestand des 52 Abs. 3 Nr. 1 WaffG verwirklicht. Dabei handelt es sich um eine in § 54 Abs. 1 WaffG benannte Straftat. Aufgrund der waffenrechtlichen Einordnung kommt die Spezialvorschrift des § 54 Abs. 1 Nr. 1 WaffG zur Anwendung.

Weiterhin müsste der Gegenstand gem. § 74 Abs. 3 StGB zum Zeitpunkt der Entscheidung über die Maßnahme dem Täter gehören.

Dem Täter gehört der Gegenstand, wenn er Eigentümer der Sache ist.

Das Faustmesser wird bei der Durchsuchung der Person in der Hosentasche des P aufgefunden. P hat die tatsächliche Verfügungsgewalt über den Gegenstand. Es ist davon auszugehen, dass P auch Eigentümer des Faustmessers ist.

Somit gehört dem Täter zum Zeitpunkt der Entscheidung über die Maßnahme der Gegenstand gem. § 74 Abs. 3 StGB.

Die Voraussetzungen einer Beschlagnahme zur Sicherung der Einziehung gem. §§ 111b, 111c StPO i. V. m. § 74 Abs. 2 StGB i. V. m. § 54 Abs. 1 Nr. 1 WaffG liegen vor.

Des Weiteren müsste eine ordnungsgemäße Anordnung (Anordnungskompetenz) für die Maßnahme vorliegen. Die Anordnung obliegt gem. § 111j Abs. 1 Satz 1 StPO grds. dem Gericht. Laut Sachverhalt liegt hier keine gerichtliche Anordnung vor.

Ausnahmsweise kann bei Gefahr im Verzug gem. § 111j Abs. 1 Satz 2, 3 StPO die Anordnung auch durch die Staatsanwaltschaft und bei beweglichen Sachen durch ihre Ermittlungspersonen erfolgen.

Es müsste somit Gefahr im Verzug vorliegen.

Gefahr im Verzug liegt vor, wenn auf eine richterliche Entscheidung nicht gewartet werden kann, weil zu befürchten ist, dass der Zweck der Maßnahme in der Zwischenzeit ernsthaft gefährdet oder gar vereitelt werden würde.

Würden die einschreitenden Beamten die Maßnahme nicht sofort treffen, könnte der Straftatverdächtige P das Eigentum an dem Faustmesser an einen Dritten übertragen. Eine Einziehung wäre dann nicht mehr möglich. Somit ist der Erfolg der Maßnahme, hier Sicherung der Strafvollstreckung, gefährdet.

Gefahr im Verzug liegt somit vor.

Es müsste sich beim Anordnenden um eine Ermittlungsperson der Staatsanwaltschaft handeln.

Ermittlungsperson der Staatsanwaltschaft ist jeder PVB, der mindestens vier Jahre im Polizeivollzugsdienst ist (vgl. § 12 Abs. 5 BPolG oder § 152 Abs. 2 GVG).

PHM Thieme ist aufgrund seiner Amtsbezeichnung unzweifelhaft mindestens vier Jahre im Polizeivollzugsdienst und damit Ermittlungsperson der Staatsanwaltschaft.

Er ist somit anordnungsbefugt bei Gefahr im Verzug.

Weiterhin müsste es sich bei dem Faustmesser um eine bewegliche Sache handeln.

Eine bewegliche Sache ist ein Gegenstand, der tatsächlich fortgeschafft werden kann.

Das Faustmesser kann aufgrund seiner Größe und Beschaffenheit jederzeit tatsächlich fortgeschafft werden.

Das Faustmesser ist zweifelsfrei eine bewegliche Sache.

Die ordnungsgemäße Anordnung (Anordnungskompetenz) gem. § 111j Abs. 1 Satz 2, 3 StPO ist gegeben.

Bei einer Beschlagnahme zur Sicherung der Einziehung i. S. d. § 111b StPO fordert der Gesetzgeber neben einer Anordnungskompetenz zusätzlich auch eine Vollziehungskompetenz. Sie obliegt gem. § 111k Abs. 1 Satz 3 StPO bei beweglichen Sachen auch den Ermittlungspersonen der Staatsanwaltschaft.

Wie oben geprüft, ist das Faustmesser eine bewegliche Sache und PHM Thieme Ermittlungsperson der Staatsanwaltschaft.

Somit sind die Voraussetzungen für die Vollziehungskompetenz gem. § 111k Abs. 1 Satz 3 StPO gegeben.

Die Voraussetzungen einer Beschlagnahme zur Sicherung der Einziehung gem. §§ 111b, 111c, 111j, 111k StPO i. V. m. § 74 Abs. 2 StGB i. V. m. § 54 Abs. 1 Nr. 1 WaffG liegen insgesamt vor.

3.2 Adressat

Die Maßnahme müsste sich gegen den richtigen Adressaten richten.

Der Adressat der Maßnahme ergibt sich aus der Befugnisnorm selbst. Hier ist es der Beschuldigte P, der somit richtiger Adressat der Maßnahme ist.

3.3 Allgemeine Rechtmäßigkeitsvoraussetzungen/Verhältnismäßigkeit

Die Beschlagnahme zur Sicherung der Einziehung müsste verhältnismäßig sein, *d. h. geeignet, erforderlich und angemessen.*

Die Maßnahme müsste <u>geeignet</u> sein.

Geeignet ist die Maßnahme, wenn sie objektiv zwecktauglich ist, das polizeiliche Ziel zu erreichen.

Das polizeiliche Ziel ist es hier, durch die Beschlagnahme zur Sicherung der Einziehung die Strafvollstreckung zu sichern. Die Maßnahme dient der Sicherung staatlicher Ansprüche auf die Verwirklichung der Einziehung, deren gerichtliche Anordnung im Urteil zu erwarten ist. Die Beschlagnahme zur Sicherung der Einziehung ist objektiv zwecktauglich, das polizeiliche Ziel zu erreichen.

Somit ist die Maßnahme geeignet.

Die Maßnahme müsste auch <u>erforderlich</u> sein.

Erforderlich ist eine Maßnahme, wenn sie von mehreren möglichen und geeigneten Maßnahmen diejenige ist, die den Einzelnen und die Allgemeinheit voraussichtlich am wenigsten beeinträchtigt.

Ein milderes Mittel als die Beschlagnahme zur Sicherung der Einziehung wäre eine Sicherstellung/Beschlagnahme gem. §§ 94, 98 StPO. Allerdings stellt diese Maßnahme lediglich ein öffentlich-rechtliches Verwahrungsverhältnis dar, um einen Beweismittelverlust bei Gegenständen zu verhindern, die für das Strafverfahren von Bedeutung sein können. Der Beschuldigte würde das Faustmesser am Ende des Strafverfahrens zurückbekommen oder könnte das Eigentum an der Sache jederzeit an einen Dritten übertragen. Die Beschlagnahme zur Sicherung der Einziehung ist die einzig mögliche Maßnahme, um das polizeiliche Ziel einer dauerhaften Einziehung zur erreichen und zukünftig weitere Straftaten zu verhindern.

Somit ist die Maßnahme auch erforderlich.

Die Maßnahme müsste auch angemessen sein.

Angemessen ist eine Maßnahme, wenn sie zu dem angestrebten Erfolg nicht erkennbar außer Verhältnis steht. Eine Rechtsgüterabwägung hat zu erfolgen.

Durch die Beschlagnahme zur Sicherung der Einziehung wird in das Grundrecht auf Eigentum gem. Art. 14 GG des P eingegriffen. Der Eingriff in das Grundrecht auf Eigentum des P stellt einen schwerwiegenden Grundrechtseingriff dar, da P das Faustmesser nach Ablauf des Strafverfahrens nicht zurückbekommt. Geschütztes Rechtsgut ist hier die objektive Rechtsordnung. Dieses überwiegt das einzuschränkende Grundrecht in der Wertigkeit.

Der Nachteil, den P erleidet, steht insgesamt nicht außer Verhältnis zum angestrebten Zweck der Maßnahme, da der Umgang mit einem Faustmesser per Gesetz verboten ist.

Damit ist die Maßnahme auch angemessen.

Die Maßnahme ist insgesamt verhältnismäßig.

3.4 Besondere gesetzliche Pflichten/Formvorschriften

- RBB über Antrag auf richterliche Entscheidung gem. § 98 Abs. 2 StPO,
- Bekanntgabe des Beschlagnahmegrundes und der zu Grunde liegenden Straftat, auf Verlangen auch schriftlich, gem. § 107 StPO,
- Verzeichnis der Gegenstände gem. § 109 StPO.

3.5 Feststellung der Rechtmäßigkeit der Maßnahme

Insgesamt ist die Beschlagnahme zur Sicherung der Einziehung gem. §§ 111b, 111c, 111j, 111k StPO i. V. m. § 74 Abs. 2 StGB i. V. m. § 54 Abs. 1 Nr. 1 WaffG rechtmäßig.

Fall 16: Einziehung – § 111b StPO

Sachverhalt

Sie absolvieren Ihr bahnpolizeiliches Praktikum in der BPOLI Hamburg und haben zusammen mit PHM Beier den Auftrag zur Überwachung des Hamburger Hauptbahnhofes.

Während Ihres Streifenganges kommt plötzlich ein Mitarbeiter der DB AG (M) auf Sie zu und teilt Ihnen mit, dass er soeben beobachtet hat, wie eine männliche Person (P) vor Wut über einen verpassten Anschlusszug mit der Faust gegen die Scheibe der Fahrplanauskunft geschlagen hat. Die Scheibe ist daraufhin zersplittert. P solle sich nun im Reisezentrum der DB AG aufhalten, um Auskunft über mögliche Anschlussverbindungen zu erfragen.

Sie treffen P im Reisezentrum an. Nach erfolgtem Tatvorwurf der Straftat Sachbeschädigung gem. § 303 StGB und dazugehöriger Rechtsbehelfsbelehrung, wollen Sie die Identität von P feststellen. P gibt an, keine Ausweisdokumente bei sich zu führen. Sie durchsuchen ihn zum Auffinden von Identitätspapieren. Dabei finden Sie seinen deutschen Personalausweis sowie ein Tütchen mit Cannabisharz (»Haschisch«). Sie schätzen die Menge auf ca. vier Gramm.

Sie eröffnen P den Tatvorwurf bzgl. des Cannabisharzes mit dazugehöriger Rechtsbehelfsbelehrung und stellen seine Identität fest.

Aufgabe

Prüfen Sie die Rechtmäßigkeit der nun vordringlich zu treffenden strafvollstreckungssichernden Maßnahme hinsichtlich des Cannabisharzes (Ziffer 1 bis 3.5 des Prüfschemas)!

Hinweis: Die Straftat gem. § 29 Abs. 1 Nr. 3 BtMG ist gegeben.

Lösungsvorschlag

1 Entscheidung

1.1 Entscheidung zu präventivem oder repressivem Handeln

Die Entscheidung zu präventivem oder repressivem Handeln ist zu treffen. Bei der Durchsuchung des P wird Cannabisharz aufgefunden.

Ein Schaden ist dadurch bereits eingetreten. Es liegt eine Straftat nach dem Betäubungsmittelgesetz vor. Eine Schadensvertiefung ist nicht möglich, da P polizeilich gestellt wurde.

Betroffenes Rechtsgut ist die objektive Rechtsordnung.

Es handelt sich um eine abgeschlossene Rechtsgutverletzung. Repressives Handeln ist erforderlich.

1.2 Benennung der zu treffenden Maßnahme

Bei der nun zu treffenden Maßnahme könnte es sich um die Beschlagnahme zur Sicherung der Einziehung gem. §§ 111b, 111c, 111j, 111k StPO i. V. m. § 74 Abs. 2 StGB i. V. m. § 33 BtMG handeln.

2 Zuständigkeit

2.1 Sachliche Zuständigkeit

Die sachliche Zuständigkeit ergibt sich aus § 1 Abs. 2, § 12 Abs. 3 BPolG i. V. m. § 163 Abs. 1 StPO i. V. m. § 58 Abs. 1 BPolG i. V. m. § 1 Abs. 1 BPolZV.

2.2 Örtliche Zuständigkeit

Die örtliche Zuständigkeit ergibt sich aus § 58 Abs. 1 BPolG i. V. m. § 2 Abs. 1 Nr. 2 BPolZV.

3 Eingriff

3.1 Befugnisnorm

Zu prüfen sind die Voraussetzungen einer Beschlagnahme zur Sicherung der Einziehung gem. §§ 111b, 111c, 111j, 111k StPO i. V. m. § 74 Abs. 2 StGB i. V. m. § 33 BtMG.

Es müsste eine Straftat vorliegen.

Durch den Besitz von Cannabisharz hat P eine Straftat gem. § 29 Abs. 1 Nr. 3 BtMG begangen. Cannabisharz ist ein Betäubungsmittel, dessen Besitz verboten ist.

Somit liegt eine Straftat vor.

Es ist festzustellen, ob es sich bei dem zu beschlagnahmenden Gegenstand um einen Einziehungsgegenstand handelt.

Einziehungsgegenstände sind gem. § 74 Abs. 1, 2 StGB Tatprodukte, Tatmittel oder Tatobjekte.

Der Gegenstand (Cannabisharz) müsste ein Tatobjekt sein.

Ein Objekt der Tat ist ein tatnotwendiges Mittel.

Das Cannabisharz ist ein Gegenstand, auf den sich die Straftat bezieht. Ohne das Cannabisharz ist die Begehung der Straftat nicht möglich. P führt das Cannabisharz bei sich und verwirklicht so den o. g. Straftatbestand des Besitzes von Betäubungsmitteln. Das Cannabisharz als Beziehungsgegenstand ist ein tatnotwendiges Mittel.

Es handelt sich um ein Tatobjekt und somit um einen Einziehungsgegenstand.

Gegenstände, auf die sich eine Straftat bezieht (Tatobjekte), unterliegen der Einziehung nach Maßgabe besonderer Vorschriften gem. § 74 Abs. 2 StGB.

Als besondere Vorschrift der Einziehung kommt hier § 33 BtMG in Betracht. Das Cannabisharz ist ein Tatobjekt, also ein Gegenstand, auf den sich eine Straftat, hier nach dem BtMG, bezieht. Durch den Besitz hat P den Straftatbestand des § 29 Abs. 1 Nr. 3 BtMG verwirklicht. Dabei handelt es sich um eine in § 33 BtMG benannte Straftat.

Aufgrund der Einordnung als Betäubungsmittel kommt die Spezialvorschrift des § 33 BtMG zur Anwendung.

Weiterhin müsste der Gegenstand gem. § 74 Abs. 3 StGB zum Zeitpunkt der Entscheidung über die Maßnahme dem Täter gehören.

Dem Täter gehört der Gegenstand, wenn er Eigentümer der Sache ist.

Das Cannabisharz wird bei der Durchsuchung des P aufgefunden. P hat die tatsächliche Verfügungsgewalt über den Gegenstand. Es ist davon auszugehen, dass P auch Eigentümer des Cannabisharzes ist.

Somit gehört dem Täter zum Zeitpunkt der Entscheidung über die Maßnahme der Gegenstand gem. § 74 Abs. 3 StGB.

Die Voraussetzungen einer Beschlagnahme zur Sicherung der Einziehung gem. §§ 111b, 111c StPO i. V. m. § 74 Abs. 2 StGB i. V. m. § 33 BtMG liegen vor.

Des Weiteren müsste eine ordnungsgemäße Anordnung (Anordnungskompetenz) für die Maßnahme vorliegen. Die Anordnung obliegt gem. § 111j Abs. 1 Satz 1 StPO grds. dem Gericht. Laut Sachverhalt liegt hier keine gerichtliche Anordnung vor.

Ausnahmsweise kann bei Gefahr im Verzug gem. § 111j Abs. 1 Satz 2, 3 StPO die Anordnung auch durch die Staatsanwaltschaft und bei beweglichen Sachen durch ihre Ermittlungspersonen erfolgen.

Es müsste somit Gefahr im Verzug vorliegen.

Gefahr im Verzug liegt vor, wenn auf eine richterliche Entscheidung nicht gewartet werden kann, weil zu befürchten ist, dass der Zweck der Maßnahme in der Zwischenzeit ernsthaft gefährdet oder gar vereitelt werden würde.

Würden die einschreitenden Beamten die Maßnahme nicht sofort treffen, könnte der Straftatverdächtige P das Eigentum an dem Cannabisharz an einen Dritten übertragen. Eine Einziehung wäre dann nicht mehr möglich. Somit ist der Erfolg der Maßnahme, hier Sicherung der Strafvollstreckung, gefährdet.

Gefahr im Verzug liegt somit vor.

Es müsste sich beim Anordnenden um eine Ermittlungsperson der Staatsanwaltschaft handeln.

Ermittlungsperson der Staatsanwaltschaft ist jeder PVB, der mindestens vier Jahre im Polizeivollzugsdienst ist (vgl. § 12 Abs. 5 BPolG oder § 152 Abs. 2 GVG).

PHM Beier ist aufgrund seiner Amtsbezeichnung unzweifelhaft mindestens vier Jahre im Polizeivollzugsdienst und damit Ermittlungsperson der Staatsanwaltschaft. Er ist somit anordnungsbefugt bei Gefahr im Verzug.

Weiterhin müsste es sich bei dem Cannabisharz um eine bewegliche Sache handeln.

Eine bewegliche Sache ist ein Gegenstand, der tatsächlich fortgeschafft werden kann.

Das Cannabisharz kann aufgrund seiner Größe und Beschaffenheit (vier Gramm) jederzeit tatsächlich fortgeschafft werden.

Das Cannabisharz ist zweifelsfrei eine bewegliche Sache.

Die ordnungsgemäße Anordnung (Anordnungskompetenz) gem. § 111j Abs. 1 Satz 2, 3 StPO ist gegeben.

Bei einer Beschlagnahme zur Sicherung der Einziehung i. S. d. § 111b StPO fordert der Gesetzgeber neben einer Anordnungskompetenz zusätzlich auch eine Vollziehungskompetenz. Sie obliegt gem. § 111k Abs. 1 Satz 3 StPO bei beweglichen Sachen auch den Ermittlungspersonen der Staatsanwaltschaft.

Wie oben bereits geprüft, ist das Cannabisharz eine bewegliche Sache und PHM Beier ist Ermittlungsperson der Staatsanwaltschaft.

Somit sind die Voraussetzungen für die Vollziehungskompetenz gem. § 111k Abs. 1 Satz 2 StPO gegeben.

Die Voraussetzungen einer Beschlagnahme zur Sicherung der Einziehung gem. §§ 111b, 111c, 111j, 111k StPO i. V. m. § 74 Abs. 2 StGB i. V. m. § 33 BtMG liegen insgesamt vor.

3.2 Adressat

Die Maßnahme müsste sich gegen den richtigen Adressaten richten.

Der Adressat der Maßnahme ergibt sich aus der Befugnisnorm selbst. Hier ist es der Beschuldigte P, der somit richtiger Adressat der Maßnahme ist.

3.3 Allgemeine Rechtmäßigkeitsvoraussetzungen/Verhältnismäßigkeit

Die Beschlagnahme zur Sicherung der Einziehung müsste verhältnismäßig sein, *d. h. geeignet, erforderlich und angemessen.*

Die Maßnahme müsste geeignet sein.

Geeignet ist die Maßnahme, wenn sie objektiv zwecktauglich ist, das polizeiliche Ziel zu erreichen.

Das polizeiliche Ziel ist es hier, durch die Beschlagnahme zur Sicherung der Einziehung die Strafvollstreckung zu sichern. Die Maßnahme dient der Sicherung staatlicher Ansprüche auf die Verwirklichung der Einziehung, deren gerichtliche Anordnung im Urteil zu erwarten ist. Die Beschlagnahme zur Sicherung der Einziehung ist objektiv zwecktauglich, das polizeiliche Ziel zu erreichen.

Somit ist die Maßnahme geeignet.

Die Maßnahme müsste auch erforderlich sein.

Erforderlich ist eine Maßnahme, wenn sie von mehreren möglichen und geeigneten Maßnahmen diejenige ist, die den Einzelnen und die Allgemeinheit voraussichtlich am wenigsten beeinträchtigt.

Ein milderes Mittel als Beschlagnahme zur Sicherung der Einziehung wäre eine Sicherstellung/Beschlagnahme gem. §§ 94, 98 StPO. Allerdings stellt diese Maßnahme lediglich ein öffentlich-rechtliches Verwahrungsverhältnis dar, um einen Beweismittelverlust bei Gegenständen zu verhindern, die für das Strafverfahren von Bedeutung sein können. Der Beschuldigte würde das Cannabisharz am Ende des Strafverfahrens zurückbekommen oder könnte das Eigentum an der Sache jederzeit an einen Dritten übertragen. Die Beschlagnahme zur Sicherung der Einziehung ist die einzig mögliche Maßnahme, um das polizeiliche Ziel einer dauerhaften Einziehung zu erreichen und zukünftig weitere Straftaten zu verhindern.

Somit ist die Maßnahme auch erforderlich.

Die Maßnahme müsste auch angemessen sein.

Angemessen ist eine Maßnahme, wenn sie zu dem angestrebten Erfolg nicht erkennbar außer Verhältnis steht. Eine Rechtsgüterabwägung hat zu erfolgen.

Durch die Beschlagnahme zur Sicherung der Einziehung wird in das Grundrecht auf Eigentum gem. Art. 14 GG des P eingegriffen. Der Eingriff in das Grundrecht auf Eigentum des P stellt einen schwerwiegenden Grundrechtseingriff dar, da P das Cannabisharz nach Ablauf des Strafverfahrens nicht zurückbekommt. Geschütztes Rechtsgut ist hier die objektive Rechtsordnung. Dieses überwiegt das einzuschränkende Grundrecht in der Wertigkeit.

Der Nachteil, den P erleidet, steht insgesamt nicht außer Verhältnis zum angestrebten Zweck der Maßnahme, da der Besitz von Cannabisharz per Gesetz verboten ist.

Damit ist die Maßnahme auch angemessen.

Die Maßnahme ist insgesamt verhältnismäßig.

3.4 Besondere gesetzliche Pflichten/Formvorschriften

- RBB über Antrag auf richterliche Entscheidung gem. § 98 Abs. 2 StPO,
- Bekanntgabe des Beschlagnahmegrundes und der zu Grunde liegenden Straftat, auf Verlangen auch schriftlich, gem. § 107 StPO,
- Verzeichnis der Gegenstände gem. § 109 StPO.

3.5 Feststellung der Rechtmäßigkeit der Maßnahme

Insgesamt ist die Beschlagnahme zur Sicherung der Einziehung gem. §§ 111b, 111c, 111j, 111k StPO i. V. m. § 74 Abs. 2 StGB i. V. m. § 33 BtMG rechtmäßig.

2.7 Fälle zur vorläufigen Festnahme

Fall 17: Vorläufige Festnahme – § 127 Abs. 2 i. V. m. § 112 Abs. 1, 2 Nr. 2 StPO

Sachverhalt

Sie sind im Rahmen Ihres grenzpolizeilichen Praktikums bei der BPOLI Forst eingesetzt. Anlässlich eines Schwerpunkteinsatzes, zusammen mit PHM Geißler, haben Sie den Auftrag, Kontrollen gegen fahndungsrelevante Fahrzeuge (Lieferwagen) durchzuführen.

Sie kontrollieren soeben einen Lieferwagen mit ungarischem Kennzeichen. Der Fahrer, der vietnamesische Staatsangehörige V, weist sich Ihnen gegenüber mit den erforderlichen Dokumenten aus.

Auf der Ladefläche stellen Sie im Rahmen der Durchsuchung des Fahrzeuges vier vermutlich vietnamesische Staatsangehörige fest. Diese können keinerlei Ausweisdokumente vorweisen. Die vier Personen stellen Ihnen gegenüber ein asylrechtliches Schutzersuchen, woraufhin diese an die nächstgelegene Aufnahmeeinrichtung weitergeleitet werden.

Eine fahndungsmäßige Überprüfung des V ergibt, dass V bereits wegen des wiederholten Einschleusens von Ausländern polizeilich bekannt ist und möglicherweise einer vietnamesischen Bande angehört. V hat seinen festen Wohnsitz in Moskau/Russland.

Aufgabe

Prüfen Sie die Rechtmäßigkeit der nun zu treffenden verfahrenssichernden Maßnahme gegenüber V (Ziffer 1 bis 3.5 des Prüfschemas)!

Hinweis: Die Straftat des Einschleusens von Ausländern gem. § 96 AufenthG ist als gegeben zu betrachten.

Lösungsvorschlag

1 Entscheidung

1.1 Entscheidung zu präventivem oder repressivem Handeln

Die Entscheidung zu präventivem oder repressivem Handeln ist zu treffen. V hat vier vermutlich vietnamesische Staatsangehörige nach Deutschland eingeschleust.

Ein Schaden ist dadurch bereits eingetreten. Es liegt eine Straftat, hier Einschleusung von Ausländern gem. § 96 AufenthG, vor. Eine Schadensvertiefung hinsichtlich des Verhaltens des V ist momentan nicht möglich, da V polizeilich gestellt wurde.

Betroffene Rechtsgüter sind hier das Universalrechtsgut Sicherheit der Grenze und die objektive Rechtsordnung.

Es handelt sich um eine abgeschlossene Rechtsgutverletzung. Es ist repressives Handeln zur Strafverfolgung erforderlich.

1.2 Benennung der zu treffenden Maßnahme

Bei der nun zu treffenden Maßnahme gegenüber V könnte es sich um eine vorläufige Festnahme gem. § 127 Abs. 2 i. V. m. § 112 Abs. 1, 2 Nr. 2 StPO (Fluchtgefahr) handeln.

2 Zuständigkeit

2.1 Sachliche Zuständigkeit

Die sachliche Zuständigkeit ergibt sich aus § 1 Abs. 2, § 12 Abs. 1 Nr. 2 BPolG i. V. m. § 163 Abs. 1 StPO i. V. m. § 58 Abs. 1 BPolG i. V. m. § 1 Abs. 1 BPolZV.

2.2 Örtliche Zuständigkeit

Die örtliche Zuständigkeit ergibt sich aus § 58 Abs. 1 BPolG i. V. m. § 2 Abs. 1 Nr. 8 BPolZV.

3 Eingriff

3.1 Befugnisnorm

Die Voraussetzungen für die vorläufige Festnahme gem. § 127 Abs. 2 i. V. m. § 112 Abs. 1, 2 Nr. 2 StPO müssten vorliegen.

V müsste der Tat dringend verdächtig sein.

Ein dringender Tatverdacht liegt vor, wenn aufgrund von Tatsachen die Wahrscheinlichkeit groß ist, dass er eine bestimmte Straftat begangen hat und somit Beschuldigter ist.

Die Straftat der Einschleusung gem. § 96 AufenthG ist gegeben. V wurde durch die Beamten angetroffen, als er die vier vermutlich vietnamesischen

Staatsangehörigen nach Deutschland einschleuste. Aufgrund dieser Tatsache wird gegen ihn ein Ermittlungsverfahren eingeleitet.

Somit ist V dringend tatverdächtig.

Ferner müsste ein Haftgrund gem. § 112 StPO vorliegen.

Hier könnte es sich um den Haftgrund Fluchtgefahr i. S. d. § 112 Abs. 2 Nr. 2 StPO handeln.

Fluchtgefahr liegt vor, wenn bestimmte Tatsachen die Gefahr begründen, dass sich der Beschuldigte dem Strafverfahren durch Flucht entziehen wird.

Der Beschuldigte V ist vietnamesischer Staatsangehöriger und hat keinen festen Wohnsitz in Deutschland, sondern in Russland. Bei einer Schleusung ist davon auszugehen, dass der V fest in die Strukturen einer Schleuserbande integriert ist. Im Zusammenhang mit der zu erwartenden hohen Strafe begründen Tatsachen die Gefahr, dass der Beschuldigte sich dem Strafverfahren entziehen wird.

Demnach besteht hier Fluchtgefahr.

Der Verhältnismäßigkeitsgrundsatz müsste beachtet werden.

Der Eingriff in die Lebenssphäre des Beschuldigten darf nicht außer Verhältnis zu der Bedeutung der Strafsache und der Strafandrohung stehen.

Das Einschleusen von Ausländern ist regelmäßig dem Bereich der organisierten Kriminalität zuzuordnen. Die Strafandrohung beläuft sich auf bis zu fünf Jahre, im Falle des gewerbs- und bandenmäßigen Einschleusens sogar auf bis zu zehn Jahre Freiheitsstrafe.

Somit steht die Anordnung der Untersuchungshaft nicht außer Verhältnis zur Bedeutung der Sache und der zu erwartenden Strafe.

Es müsste Gefahr im Verzug vorliegen.

Die richterliche Entscheidung kann nicht abgewartet werden, ohne dass der polizeiliche Erfolg der Maßnahme erschwert oder vereitelt würde.

Die Entscheidung über die Zulässigkeit und Fortdauer einer Freiheitsentziehung obliegt gem. Art. 104 Abs. 2 GG dem Richter. Nur bei Gefahr im Verzug sind gem. § 127 Abs. 2 StPO die Staatsanwaltschaft und die Beamten des Polizeidienstes zur vorläufigen Festnahme berechtigt. Bis zur Einholung einer richterlichen Entscheidung über den Erlass eines Untersuchungshaftbefehls bestünde keine rechtliche Möglichkeit, den V weiterhin festzuhalten. Es ist davon auszugehen, dass V sich nicht der richterlichen Anhörung stellen wird und somit die Sicherstellung des Strafverfahrens gefährdet wäre, wenn V nicht vorläufig festgenommen werden würde.

Somit liegt Gefahr im Verzug vor.

Die Voraussetzungen einer vorläufigen Festnahme des V gem. § 127 Abs. 2 i. V. m. § 112 Abs. 1, 2 Nr. 2 StPO liegen im Ergebnis vor.

3.2 Adressat

Die Maßnahme müsste sich gegen den richtigen Adressaten richten.

Der Adressat der vorläufigen Festnahme ergibt sich aus der Befugnisnorm selbst. Hier ist es der Beschuldigte V, der somit richtiger Adressat der Maßnahme ist.

3.3 Allgemeine Rechtmäßigkeitsvoraussetzungen/Verhältnismäßigkeit

Die vorläufige Festnahme müsste verhältnismäßig sein, *d. h. geeignet, erforderlich und angemessen.*

Die Maßnahme müsste geeignet sein.

Geeignet ist die Maßnahme, wenn sie objektiv zwecktauglich ist, das polizeiliche Ziel zu erreichen.

Das polizeiliche Ziel ist es hier, durch die Erwirkung eines Untersuchungshaftbefehls die qualifizierte Strafverfolgung des V zu gewährleisten. Die vorläufige Festnahme ist objektiv zwecktauglich, den V bis zur richterlichen Entscheidung festzuhalten und somit einer möglichen Flucht entgegenzuwirken.

Somit ist die Maßnahme geeignet.

Die Maßnahme müsste auch erforderlich sein.

Erforderlich ist eine Maßnahme, wenn sie von mehreren möglichen und geeigneten Maßnahmen diejenige ist, die den Einzelnen und die Allgemeinheit voraussichtlich am wenigsten beeinträchtigt.

Ein milderes Mittel als die vorläufige Festnahme des V wäre eine Vorladung bzw. Ladung des V. Es besteht jedoch der Verdacht/die Gefahr, der Beschuldigte könnte sich ins Ausland absetzen und sich so dem Strafverfahren entziehen. Die vorläufige Festnahme des V ist die einzig mögliche Maßnahme, um das polizeiliche Ziel zu erreichen.

Somit ist die Maßnahme auch erforderlich.

Die Maßnahme müsste auch angemessen sein.

Angemessen ist eine Maßnahme, wenn sie zu dem angestrebten Erfolg nicht erkennbar außer Verhältnis steht. Eine Rechtsgüterabwägung hat zu erfolgen.

Durch die Maßnahme wird in das Grundrecht auf Freiheit der Person gem. Art. 2 Abs. 2 Satz 2 i. V. m. Art. 104 Abs. 2 GG des V eingegriffen. Geschützte Rechtsgüter sind hier die Sicherheit der Grenze, die objektive Rechtsordnung sowie der Strafverfolgungsanspruch des Staates.

Ein Eingriff in das Grundrecht auf Freiheit der Person gehört zu den schwerwiegendsten Grundrechtseingriffen. Der Grundrechtseingriff in die Rechte des V ist nur von kurzer Dauer, hier bis zur Richtervorführung. Der Richter entscheidet dann im Rahmen der Anhörung über Zulässigkeit und Fortdauer der Freiheitsentziehung und den Erlass eines Untersuchungshaftbefehls. Der Eingriff in die Rechte des V bringt keine bleibenden Schäden für V mit sich. Zudem hat sich der V durch seine Tat selbst in die Lage gebracht. Gegen V besteht dringender Tatverdacht der Straftat des Einschleusens von Ausländern gem. § 96 AufenthG, das vermutlich ein hohes Strafmaß für V zur Folge haben wird. Der Nachteil, den V erleidet, steht somit insgesamt nicht außer Verhältnis zum angestrebten Zweck der Maßnahme.

Damit ist die Maßnahme auch angemessen.

Die Maßnahme ist insgesamt verhältnismäßig.

3.4 Besondere gesetzliche Pflichten/Formvorschriften

- Tatvorwurf gem. § 163a Abs. 4 StPO,
- RBB gem. § 136 StPO,
- Richtervorbehalt gem. Art. 104 Abs. 2 GG,
- unverzügliche richterliche Vorführung gem. § 128 StPO,
- Beachtung der Vorschriften und Belehrungspflichten gem. §§ 114a bis 114c StPO analog,
- Beachtung der Vorschriften gem. Art. 36 WÜK bei ausländischen Personen.

3.5 Feststellung der Rechtmäßigkeit der Maßnahme

Insgesamt ist die vorläufige Festnahme des V gem. § 127 Abs. 2 i. V. m. § 112 Abs. 1, 2 Nr. 2 StPO rechtmäßig.

Fall 18: Vorläufige Festnahme – § 127 Abs. 2 i. V. m. § 112 Abs. 1, 2 Nr. 2 StPO

Sachverhalt

Sie absolvieren Ihr grenzpolizeiliches Praktikum in der BPOLI Forst. Im Rahmen einer gemeinsamen Kontrolle mit dem Zoll haben Sie, zusammen mit PHM Geißler, den Auftrag, Kontrollen gegen fahndungsrelevante Fahrzeuge (LKW) durchzuführen.

Sie kontrollieren soeben einen LKW, der einen Container geladen hat. Der Fahrer, der bulgarische Staatsangehörige B, weist sich Ihnen gegenüber mit den erforderlichen Dokumenten aus.

Sie entschließen sich zusammen mit dem Zoll, den Container des LKW zu öffnen und zu durchsuchen. Auf der Ladefläche stellen Sie im Rahmen der Durchsuchung fünf vermutlich eingeschleuste Personen fest. Die Personen sind im Container des LKW während der Fahrt erstickt.

Eine fahndungsmäßige Überprüfung des B ergibt, dass B bereits wegen des wiederholten Einschleusens von Ausländern polizeilich bekannt ist. B hat seinen festen Wohnsitz in Bulgarien.

Sie eröffnen dem B den Tatvorwurf mit dazugehöriger Rechtsbehelfsbelehrung. B macht von seinem Recht Gebrauch, sich nicht zur Sache zu äußern.

Aufgabe

Prüfen Sie die Rechtmäßigkeit der nun zu treffenden verfahrenssichernden Maßnahme gegenüber B (Ziffer 1 bis 3.5 des Prüfschemas)!

Hinweis: Die Straftat des Einschleusens von Ausländern mit Todesfolge gem. § 97 AufenthG (Verbrechen) ist gegeben.

Lösungsvorschlag

1 Entscheidung

1.1 Entscheidung zu präventivem oder repressivem Handeln

Die Entscheidung zu präventivem oder repressivem Handeln ist zu treffen. B hat fünf Menschen nach Deutschland eingeschleust, die während der Fahrt im Container des LKW erstickt sind.

Ein Schaden ist dadurch bereits eingetreten. Es liegt eine Straftat, hier Einschleusung von Ausländern mit Todesfolge gem. § 97 AufenthG, vor. Eine Schadensvertiefung hinsichtlich des Verhaltens des B ist momentan nicht möglich, da B polizeilich gestellt wurde.

Betroffene Rechtsgüter sind hier das Universalrechtsgut Sicherheit der Grenze und die objektive Rechtsordnung.

Es handelt sich um eine abgeschlossene Rechtsgutverletzung. Es ist daher repressives Handeln zur Strafverfolgung erforderlich.

1.2 Benennung der zu treffenden Maßnahme

Bei der nun zu treffenden Maßnahme gegenüber B könnte es sich um eine vorläufige Festnahme gem. § 127 Abs. 2 i. V. m. § 112 Abs. 1, 2 Nr. 2 (Fluchtgefahr) StPO handeln.

2 Zuständigkeit

2.1 Sachliche Zuständigkeit

Die sachliche Zuständigkeit ergibt sich aus § 1 Abs. 2, § 12 Abs. 1 Nr. 2 BPolG i. V. m. § 163 Abs. 1 StPO i. V. m. § 58 Abs. 1 BPolG i. V. m. § 1 Abs. 1 BPolZV.

2.2 Örtliche Zuständigkeit

Die örtliche Zuständigkeit ergibt sich aus § 58 Abs. 1 BPolG i. V. m. § 2 Abs. 1 Nr. 8 BPolZV.

3 Eingriff

3.1 Befugnisnorm

Die Voraussetzungen für die vorläufige Festnahme gem. § 127 Abs. 2 i. V. m. § 112 Abs. 1, Abs. 2 Nr. 2 StPO müssten vorliegen.

B müsste der Tat dringend verdächtig sein.

Ein dringender Tatverdacht liegt vor, wenn aufgrund von Tatsachen die Wahrscheinlichkeit groß ist, dass er eine bestimmte Straftat begangen hat und somit Beschuldigter ist.

Die Straftat des Einschleusens von Ausländern mit Todesfolge gem. § 97 AufenthG ist gegeben. B wurde durch die Beamten angetroffen, als er die fünf Menschen nach Deutschland einschleuste. Aufgrund dieser Tatsache wird gegen ihn ein Ermittlungsverfahren eingeleitet.

Somit ist B dringend tatverdächtig.

Ferner müsste ein Haftgrund gem. § 112 StPO vorliegen.

Hier könnte es sich um den Haftgrund Fluchtgefahr i. S. d. § 112 Abs. 2 Nr. 2 StPO handeln.

Fluchtgefahr liegt vor, wenn bestimmte Tatsachen die Gefahr begründen, dass sich der Beschuldigte dem Strafverfahren durch Flucht entziehen wird.

Der Beschuldigte B ist bulgarischer Staatsangehöriger und hat keinen festen Wohnsitz in Deutschland, sondern in Bulgarien. Er ist bereits in der Vergangenheit polizeilich mit Schleusungsdelikten in Erscheinung getreten. Im Zusammenhang mit der zu erwartenden hohen Haftstrafe begründen Tatsachen die Gefahr, dass der Beschuldigte sich dem Strafverfahren entziehen wird.

Demnach besteht hier der Haftgrund Fluchtgefahr.

Der Verhältnismäßigkeitsgrundsatz müsste beachtet werden.

Der Eingriff in die Lebenssphäre des Beschuldigten darf nicht außer Verhältnis zu der Bedeutung der Strafsache und der Strafandrohung stehen.

Das Einschleusen von Ausländern ist regelmäßig dem Bereich der organisierten Kriminalität zuzuordnen. Die Strafandrohung der Straftat Einschleusen von Ausländern mit Todesfolge gem. § 97 AufenthG beläuft sich auf Freiheitsstrafe nicht unter drei Jahren. Durch die Straftat des B kamen Personen zu Tode.

Somit steht die Anordnung der Untersuchungshaft nicht außer Verhältnis zur Bedeutung der Sache und der zu erwartenden Strafe.

Es müsste weiterhin Gefahr im Verzug vorliegen.

Die richterliche Entscheidung kann nicht abgewartet werden, ohne dass der polizeiliche Erfolg der Maßnahme erschwert oder vereitelt würde.

Die Entscheidung über die Zulässigkeit und Fortdauer einer Freiheitsentziehung obliegt gem. Art. 104 Abs. 2 GG dem Richter. Nur bei Gefahr im Verzug sind gem. § 127 Abs. 2 StPO die Staatsanwaltschaft und die Beamten des Polizeidienstes zur vorläufigen Festnahme berechtigt. Bis zur Einholung einer richterlichen Entscheidung über den Erlass eines Untersuchungshaftbefehls bestünde keine rechtliche Möglichkeit, den B weiterhin festzuhalten. Es ist davon auszugehen, dass B sich nicht der richterlichen Anhörung stellen wird und somit die Sicherstellung des Strafverfahrens gefährdet wäre, wenn B nicht vorläufig festgenommen werden würde.

Somit liegt Gefahr im Verzug vor.

Die Voraussetzungen einer vorläufigen Festnahme des B gem. § 127 Abs. 2 i. V. m. § 112 Abs. 1, 2 Nr. 2 StPO liegen im Ergebnis vor.

3.2 Adressat

Die Maßnahme müsste sich gegen den richtigen Adressaten richten.

Der Adressat der vorläufigen Festnahme ergibt sich aus der Befugnisnorm selbst. Hier ist es der Beschuldigte B, der somit richtiger Adressat der Maßnahme ist.

3.3 Allgemeine Rechtmäßigkeitsvoraussetzungen/Verhältnismäßigkeit

Die vorläufige Festnahme müsste verhältnismäßig sein, *d. h. geeignet, erforderlich und angemessen.*

Die Maßnahme müsste geeignet sein.

Geeignet ist die Maßnahme, wenn sie objektiv zwecktauglich ist, das polizeiliche Ziel zu erreichen.

Das polizeiliche Ziel ist es hier, durch die Erwirkung eines Untersuchungshaftbefehls die qualifizierte Strafverfolgung des B zu gewährleisten. Die vorläufige Festnahme ist objektiv zwecktauglich, den B bis zur richterlichen Entscheidung festzuhalten und somit einer möglichen Flucht entgegenzuwirken.

Somit ist die Maßnahme geeignet.

Die Maßnahme müsste auch erforderlich sein.

Erforderlich ist eine Maßnahme, wenn sie von mehreren möglichen und geeigneten Maßnahmen diejenige ist, die den Einzelnen und die Allgemeinheit voraussichtlich am wenigsten beeinträchtigt.

Ein milderes Mittel als die vorläufige Festnahme zur Verhinderung der Fluchtgefahr des B wäre das Erheben einer Sicherheitsleistung. Weiterhin wären eine Vorladung bzw. Ladung des B denkbar. Angesichts des zu erwartenden hohen Strafmaßes besteht der Verdacht/die Gefahr, der Beschuldigte könnte sich ins Ausland absetzen und sich dem Strafverfahren entziehen. Die vorläufige Festnahme des B ist die einzig mögliche Maßnahme, um das polizeiliche Ziel zur erreichen.

Somit ist die Maßnahme auch erforderlich.

Die Maßnahme müsste auch angemessen sein.

Angemessen ist eine Maßnahme, wenn sie zu dem angestrebten Erfolg nicht erkennbar außer Verhältnis steht. Eine Rechtsgüterabwägung hat zu erfolgen.

Durch die Maßnahme wird in das Grundrecht auf Freiheit der Person gem. Art. 2 Abs. 2 Satz 2 i. V. m. Art. 104 Abs. 2 GG des B eingegriffen. Geschützte Rechtsgüter sind hier die Sicherheit der Grenze, die objektive Rechtsordnung sowie der Strafverfolgungsanspruch des Staates.

Ein Eingriff in das Grundrecht auf Freiheit der Person gehört zu den schwerwiegendsten Grundrechtseingriffen. Der Grundrechtseingriff in die Rechte des B ist nur von kurzer Dauer, hier bis zur Richtervorführung. Der Richter entscheidet dann im Rahmen der Anhörung über Zulässigkeit und Fortdauer der Freiheitsentziehung und den Erlass eines Untersuchungshaftbefehls. Der Eingriff in die Rechte des B bringt keine bleibenden Schäden für B mit sich. Zudem hat sich der B durch seine Tat selbst in die Lage gebracht. Gegen B besteht dringender Tatverdacht der Straftat des Einschleusens von Ausländern mit Todesfolge gem. § 97 AufenthG, das vermutlich ein hohes Strafmaß für B zur Folge haben wird. Der Nachteil, den B erleidet, steht somit insgesamt nicht außer Verhältnis zum angestrebten Zweck der Maßnahme.

Damit ist die Maßnahme auch angemessen.

Die Maßnahme ist insgesamt verhältnismäßig.

3.4 Besondere gesetzliche Pflichten/Formvorschriften

- Tatvorwurf gem. § 163a Abs. 4 StPO,
- RBB gem. § 136 StPO,
- Richtervorbehalt gem. Art. 104 Abs. 2 GG,
- Unverzügliche richterliche Vorführung gem. § 128 StPO,
- Beachtung der Vorschriften und Belehrungspflichten gem. §§ 114a bis 114c StPO analog,
- Beachtung der Vorschriften gem. Art. 36 WÜK bei ausländischen Personen.

3.5 Feststellung der Rechtmäßigkeit der Maßnahme

Insgesamt ist die vorläufige Festnahme des B gem. § 127 Abs. 2 i. V. m. § 112 Abs. 1, 2 Nr. 2 StPO rechtmäßig.

2.8 Fälle zur Ermittlungsgeneralklausel

Fall 19: Fahndung – § 163 StPO

Sachverhalt

Sie absolvieren Ihr bahnpolizeiliches Praktikum in der BPOLI Hamburg und haben heute Nachtdienst. Sie sind zusammen mit PHM Beier zur Überwachung des Hauptbahnhofs Hamburg eingesetzt.

Zu Schichtbeginn weist Sie Ihr Gruppenleiter in die aktuelle Lage ein und teilt Ihnen mit, dass aktuell nach einer männlichen Person (A) gefahndet wird, die im Verdacht steht, in der vergangenen Nacht einen Fahrausweisautomaten in der Wandelhalle aufgebrochen zu haben. Videoaufzeichnungen der Überwachungskamera haben den Mann bei seiner Tat aufgezeichnet.

Sie erhalten zusammen mit PHM Beier eine Personenbeschreibung des A und den Auftrag, den Bereich um die Fahrausweisautomaten dahingehend zu überprüfen.

Aufgabe

Prüfen Sie die Rechtmäßigkeit der nun vordringlich zu treffenden Maßnahme (Ziffer 1.1 bis 3.5 des Prüfschemas)!

Lösungsvorschlag

1 Entscheidung

1.1 Entscheidung zu präventivem oder repressivem Handeln

Die Entscheidung zu präventivem oder repressivem Handeln ist zu treffen. Aktuell wird nach einer männlichen Person gefahndet, die im Verdacht steht, in der vergangenen Nacht einen Fahrausweisautomaten in der Wandelhalle aufgebrochen zu haben.

Ein Schaden ist bereits eingetreten. A hat sich der Straftat gem. § 243 StGB verdächtig gemacht. Eine Schadensvertiefung ist derzeit nicht möglich, da A sich vom Tatort entfernt hat. Betroffen sind die Rechtsgüter der öffentlichen Sicherheit, hier die objektive Rechtsordnung, und die Individualrechtsgüter der DB AG auf Eigentum.

Es handelt sich um eine abgeschlossene Rechtsgutverletzung. Repressives Handeln ist erforderlich.

1.2 Benennung der zu treffenden Maßnahme

Bei der nun zu treffenden Maßnahme könnte es sich um eine Fahndung nach A gem. § 163 Abs. 1 StPO handeln.

2 Zuständigkeit

2.1 Sachliche Zuständigkeit

Die sachliche Zuständigkeit ergibt sich aus § 1 Abs. 2, § 12 Abs. 1 Nr. 5 BPolG i. V. m. § 163 Abs. 1 StPO i. V. m. § 58 Abs. 1 BPolG i. V. m. § 1 Abs. 1 BPolZV.

2.2 Örtliche Zuständigkeit

Die örtliche Zuständigkeit ergibt sich aus § 58 Abs. 1 BPolG i. V. m. § 2 Abs. 1 Nr. 2 BPolZV.

3 Eingriff

3.1 Befugnisnorm

Die Voraussetzungen des § 163 Abs. 1 StPO müssten vorliegen.

Zunächst müsste ein Straftatverdacht vorliegen.

Das sind zureichende tatsächliche Anhaltspunkte für das Vorliegen einer bestimmten Straftat (sog. Anfangsverdacht gem. § 152 Abs. 2 StPO).

Wie oben dargestellt, hat A einen Fahrausweisautomatenaufbruch (Straftat gem. § 243 StGB) als Täter begangen. Videoaufzeichnungen der Überwachungskamera haben den Mann bei seiner Tat aufgezeichnet.

Somit liegt ein Straftatverdacht vor.

Weiterhin dürfte keine Spezialbefugnis für diese Maßnahme vorhanden sein.

Die Maßnahme darf weder in der StPO noch in anderen Rechtsvorschriften mit repressiver Zielrichtung geregelt sein.

Die StPO und andere Rechtsvorschriften enthalten keine Standardbefugnis, die die Maßnahme der Fahndung spezialgesetzlich regelt.

Eine Spezialbefugnis ist also nicht vorhanden.

Die Voraussetzungen des § 163 Abs. 1 StPO liegen insgesamt vor.

3.2 Adressat

Die Maßnahme müsste sich gegen den richtigen Adressaten richten. Dieser ergibt sich aus der Befugnis selbst, hier § 163 Abs. 1 StPO. A ist der Straftatverdächtige, nach dem gefahndet wird. Somit ist A der richtige Adressat der Maßnahme.

3.3 Allgemeine Rechtmäßigkeitsvoraussetzungen/Verhältnismäßigkeit

Die Maßnahme der Fahndung müsste verhältnismäßig, *also geeignet, erforderlich und angemessen sein.*

Die Maßnahme müsste geeignet sein.

Geeignet ist die Maßnahme, wenn sie objektiv zwecktauglich ist, das polizeiliche Ziel zu erreichen.

Polizeiliches Ziel ist es, A polizeilich zu stellen, um gegen ihn ein Strafverfahren zu betreiben und somit den Strafverfolgungsanspruch des Staates zu gewährleisten. Eine Fahndung ist objektiv zwecktauglich, um dieses Ziel zu erreichen.

Somit ist die Maßnahme geeignet.

Die Maßnahme müsste auch erforderlich sein.

Erforderlich ist eine Maßnahme, wenn sie von mehreren möglichen und geeigneten Maßnahmen diejenige ist, die den Einzelnen und die Allgemeinheit voraussichtlich am wenigsten beeinträchtigt.

Da im Moment der Aufenthaltsort des A nicht bekannt ist, ist eine Fahndung nach A die geringste, geeignete Maßnahme. Ein milderes Mittel ist nicht ersichtlich.

Somit ist die Maßnahme auch erforderlich.

Die Maßnahme müsste auch angemessen sein.

Angemessen ist eine Maßnahme, wenn sie zu dem angestrebten Erfolg nicht erkennbar außer Verhältnis steht. Eine Rechtsgüterabwägung hat zu erfolgen.

Eingegriffen wird in das Recht auf informationelle Selbstbestimmung gem. Art. 2 Abs. 1 i. V. m. Art. 1 Abs. 1 GG. Geschützte Rechtsgüter sind der Strafverfolgungsanspruch des Staates sowie die objektive Rechtsordnung.

Der Grundrechtseingriff ist geringfügig und zunächst nur von kurzer Dauer. Er bringt keine bleibenden Nachteile für den Betroffenen mit sich. Zudem hat sich der A durch seine Tat selbst in die Lage gebracht. Der Nachteil, den er erleidet, steht somit insgesamt nicht außer Verhältnis zum angestrebten Zweck der Maßnahme. Die zu schützenden Rechtsgüter überwiegen die einzuschränkenden Grundrechte.

Damit ist die Maßnahme auch angemessen.

Die Maßnahme ist insgesamt verhältnismäßig.

3.4 Besondere gesetzliche Pflichten/Formvorschriften

Die Maßnahme gem. § 163 Abs. 1 StPO unterliegt keiner förmlichen Beschränkung. Sie darf durch jeden Polizeibeamten angeordnet werden.

3.5 Feststellung der Rechtmäßigkeit

Eine Fahndung nach dem Straftäter A gem. § 163 Abs. 1 StPO ist demnach insgesamt rechtmäßig.

Fall 20: Befragung – § 163 StPO

Sachverhalt

Sie absolvieren Ihr bahnpolizeiliches Praktikum in der BPOLI Hamburg und sind am heutigen Tag, zusammen mit PHM Beier, zur Unterstützung des Ermittlungsdienstes im Hamburger Hauptbahnhof eingesetzt.

In der Vergangenheit kam es vermehrt zu Fahrausweisautomatenaufbrüchen (FAA) zum Nachteil der DB AG. Videoaufzeichnungen der Überwachungskamera haben einen Mann mittleren Alters bei seiner Tat aufgezeichnet. Aufgrund dessen wurde ein Foto erstellt, auf dem der Mann bei der Tatbegehung zu sehen ist.

Gegenüber den Fahrausweisautomaten befindet sich das Reisezentrum der DB AG. Ein Mitarbeiter der DB AG befindet sich vor Ort. Sie begeben sich mit dem Foto zu dem Mitarbeiter der DB AG.

Aufgabe

Prüfen Sie die Rechtmäßigkeit der nun vordringlich zu treffenden Maßnahme gegenüber dem Mitarbeiter der DB AG (Ziffer 1.1 bis 3.5 des Prüfschemas)!

Lösungsvorschlag

1 Entscheidung

1.1 Entscheidung zu präventivem oder repressivem Handeln

Die Entscheidung zu präventivem oder repressivem Handeln ist zu treffen. Aktuell wird nach einer männlichen Person gefahndet, die im Verdacht steht, Fahrausweisautomaten aufgebrochen zu haben. Ein Foto vom Täter bei Tatbegehung (Fahndungsbild) wurde erstellt.

Ein Schaden ist bereits eingetreten. Die männliche Person hat sich der Straftat gem. § 243 StGB verdächtig gemacht. Eine Schadensvertiefung ist derzeit nicht möglich, da der Täter sich vom Tatort entfernt hat. Betroffen sind die Rechtsgüter der öffentlichen Sicherheit, hier die objektive Rechtsordnung, und die Individualrechtsgüter der DB AG auf Eigentum.

Es handelt sich um eine abgeschlossene Rechtsgutverletzung. Repressives Tätigwerden ist erforderlich.

1.2 Benennung der zu treffenden Maßnahme

Bei der nun zu treffenden Maßnahme könnte es sich um eine Befragung des Mitarbeiters der DB AG mittels Fahndungsbild gem. § 163 Abs. 1 StPO handeln.

2 Zuständigkeit

2.1 Sachliche Zuständigkeit

Die sachliche Zuständigkeit ergibt sich aus § 1 Abs. 2, § 12 Abs. 1 Nr. 5 BPolG i. V. m. § 163 Abs. 1 StPO i. V. m. § 58 Abs. 1 BPolG i. V. m. § 1 Abs. 1 BPolZV.

2.2 Örtliche Zuständigkeit

Die örtliche Zuständigkeit ergibt sich aus § 58 Abs. 1 BPolG i. V. m. § 2 Abs. 1 Nr. 2 BPolZV.

3 Eingriff

3.1 Befugnisnorm

Die Voraussetzungen des § 163 Abs. 1 StPO müssten vorliegen.

Zunächst müsste ein <u>Straftatverdacht</u> vorliegen.

Das sind zureichende tatsächliche Anhaltspunkte für das Vorliegen einer bestimmten Straftat (sog. Anfangsverdacht gem. § 152 Abs. 2 StPO).

Wie oben dargestellt, hat eine männliche Person Fahrausweisautomatenaufbrüche (Straftat gem. § 243 StGB) als Täter begangen. Videoaufzeichnungen der Überwachungskamera haben den Mann bei seiner Tat aufgezeichnet.

Somit liegt ein Straftatverdacht vor.

Weiterhin dürfte keine Spezialbefugnis für diese Maßnahme vorhanden sein.

Die Maßnahme darf weder in der StPO noch in anderen Rechtsvorschriften mit repressiver Zielrichtung geregelt sein.

Die StPO und andere Rechtsvorschriften enthalten keine Standardbefugnis, die die Maßnahme der Befragung, hier mithilfe eines Fahndungsbildes, spezialgesetzlich regelt.

Eine Spezialbefugnis ist also nicht vorhanden.

Die Voraussetzungen des § 163 Abs. 1 StPO liegen insgesamt vor.

3.2 Adressat

Die Maßnahme müsste sich gegen den richtigen Adressaten richten. Dieser ergibt sich aus der Befugnis selbst, hier § 163 Abs. 1 StPO. Der Mitarbeiter der DB AG ist der richtige Adressat der Maßnahme.

3.3 Allgemeine Rechtmäßigkeitsvoraussetzungen/Verhältnismäßigkeit

Die Maßnahme der Fahndung müsste verhältnismäßig, *also geeignet, erforderlich und angemessen sein.*

Die Maßnahme müsste geeignet sein.

Geeignet ist die Maßnahme, wenn sie objektiv zwecktauglich ist, das polizeiliche Ziel zu erreichen.

Polizeiliches Ziel ist es, den Täter der Straftat zu ermitteln und polizeilich zu stellen, um gegen ihn ein Strafverfahren zu betreiben und somit den Strafverfolgungsanspruch des Staates zu gewährleisten. Eine Befragung des Mitarbeiters der DB AG mittels Fahndungsbild, der in dem Reisezentrum gegenüber dem Tatort arbeitet, ist objektiv zwecktauglich, um dieses Ziel zu erreichen, da nicht unwahrscheinlich ist, dass der Täter durch den Mitarbeiter der DB AG im Reisezentrum bei der Tatvorbereitung gesehen wurde oder dieser ihm ggf. sogar bekannt ist.

Somit ist die Maßnahme geeignet.

Die Maßnahme müsste auch erforderlich sein.

Erforderlich ist eine Maßnahme, wenn sie von mehreren möglichen und geeigneten Maßnahmen diejenige ist, die den Einzelnen und die Allgemeinheit voraussichtlich am wenigsten beeinträchtigt.

Eine mögliche mildere Maßnahme wäre eine Öffentlichkeitsfahndung nach dem Täter. Diese Maßnahme würde aber längere Zeit in Anspruch nehmen und wäre weniger zielgerichtet. Ein milderes Mittel ist nicht ersichtlich.

Somit ist die Maßnahme auch erforderlich.

Die Maßnahme müsste auch angemessen sein.

Angemessen ist eine Maßnahme, wenn sie zu dem angestrebten Erfolg nicht erkennbar außer Verhältnis steht. Eine Rechtsgüterabwägung hat zu erfolgen.

Eingegriffen wird in das Recht auf informationelle Selbstbestimmung gem. Art. 2 Abs. 1 i. V. m. Art. 1 Abs. 1 GG. Geschützte Rechtsgüter sind der Strafverfolgungsanspruch des Staates sowie die objektive Rechtsordnung.

Der Grundrechtseingriff ist zunächst nur von kurzer Dauer und bringt keine bleibenden Nachteile für den Mitarbeiter der DB AG mit sich. Er muss sich nicht selbst belasten. Der Nachteil, den er erleidet, steht somit insgesamt nicht außer Verhältnis zum angestrebten Zweck der Maßnahme. Die zu schützenden Rechtsgüter überwiegen die einzuschränkenden Grundrechte.

Damit ist die Maßnahme auch angemessen.

Die Maßnahme ist insgesamt verhältnismäßig.

3.4 Besondere gesetzliche Pflichten/Formvorschriften

Die Maßnahme gem. § 163 Abs. 1 StPO unterliegt keiner förmlichen Beschränkung. Sie darf durch jeden Polizeibeamten angeordnet werden.

3.5 Feststellung der Rechtmäßigkeit

Eine Befragung des Mitarbeiters der DB AG mittels Fahndungsbild gem. § 163 Abs. 1 StPO ist demnach insgesamt rechtmäßig.

2.9 Fälle zur Identitätsfeststellung beim Verdächtigen

Fall 21: Identitätsfeststellung beim Verdächtigen – § 163b Abs. 1 Satz 1 StPO

Sachverhalt

Sie absolvieren Ihr bahnpolizeiliches Praktikum in der BPOLI Hamburg und haben zusammen mit PHM Beier den Auftrag zur Überwachung des Hauptbahnhofs Hamburg.

Während Ihres Streifenganges kommt plötzlich ein Mann (A) auf Sie zu und schlägt PHM Beier unvermittelt ins Gesicht. Den zweiten Schlag können Sie abwehren und es gelingt Ihnen, zusammen mit PHM Beier den A zu stellen.

Aufgabe

Prüfen Sie die Rechtmäßigkeit der nun vordringlich zu treffenden Maßnahme gegenüber A (Ziffer 1.1 bis 3.5 des Prüfschemas)!

Lösungsvorschlag

1 Entscheidung

1.1 Entscheidung zu präventivem oder repressivem Handeln

Die Entscheidung zu präventivem oder repressivem Handeln ist zu treffen. A hat dem Streifenbeamten ins Gesicht geschlagen und sich der Straftat des tätlichen Angriffs gegen Vollstreckungsbeamte gem. § 114 StGB verdächtig gemacht. Eine Schadensvertiefung ist nicht möglich, da A durch die Streife gestellt wurde. Betroffen sind die Rechtsgüter der öffentlichen Sicherheit, hier die objektive Rechtsordnung, und die Individualrechtsgüter des PVB auf körperliche Unversehrtheit/Gesundheit. Weiterhin sind auch der Bestand und die Funktionsfähigkeit des Staates und seiner Einrichtungen sowie die Durchsetzung des Staatswillens betroffen.

Es handelt sich um eine abgeschlossene Rechtsgutverletzung. Dies erfordert repressives Tätigwerden.

1.2 Benennung der zu treffenden Maßnahme

Bei der nun zu treffenden Maßnahme könnte es sich um die Identitätsfeststellung (IDF) beim Straftatverdächtigen A gem. § 163b Abs. 1 Satz 1 StPO handeln.

2 Zuständigkeit

2.1 Sachliche Zuständigkeit:

Die sachliche Zuständigkeit ergibt sich aus § 1 Abs. 2, § 12 Abs. 3 BPolG i. V. m. § 163 Abs. 1 StPO i. V. m. § 58 Abs. 1 BPolG i. V. m § 1 Abs. 1 BPolZV.

2.2 Örtliche Zuständigkeit:

Die örtliche Zuständigkeit ergibt sich aus § 58 Abs. 1 BPolG i. V. m. § 2 Abs. 2 Nr. 4 BPolZV.

3 Eingriff

3.1 Befugnisnorm

Die Voraussetzungen des § 163b Abs. 1 Satz 1 StPO müssten vorliegen.

Es müsste ein <u>Straftatverdacht</u> vorliegen und A müsste <u>Tatverdächtiger</u> sein.

Ein Straftatverdacht besteht, wenn zureichende Anhaltspunkte für eine Straftat bestehen.

Tatverdächtiger ist die Person, bei der die Wahrscheinlichkeit besteht, dass sie Täter oder Teilnehmer der Straftat ist.

Ein tätlicher Angriff auf einen Vollstreckungsbeamten stellt eine Straftat nach § 114 StGB dar. Diesen Angriff hat gemäß Sachverhalt der A begangen.

A ist somit Tatverdächtiger einer Straftat.

Die Voraussetzungen für eine Feststellung der Identität gem. § 163b Abs. 1 Satz 1 StPO liegen vor.

3.2 Adressat

Die Maßnahme müsste sich gegen den richtigen Adressaten richten. Dieser ergibt sich aus der Befugnis selbst, also § 163b Abs. 1 StPO. A hat den PVB geschlagen und ist demnach Straftatverdächtiger, somit der richtige Adressat der Maßnahme.

3.3 Allgemeine Rechtmäßigkeitsvoraussetzungen/Verhältnismäßigkeit

Die Maßnahme der IDF müsste verhältnismäßig, *also geeignet, erforderlich und angemessen sein.*

Die Maßnahme müsste geeignet sein.

Geeignet ist die Maßnahme, wenn sie objektiv zwecktauglich ist, das polizeiliche Ziel zu erreichen.

Polizeiliches Ziel ist es, die Personalien des A festzustellen, um gegen A ein Strafverfahren einzuleiten und somit den Strafverfolgungsanspruch des Staates zu gewährleisten. Da durch die Identitätsfeststellung die entsprechenden Personalien des A zu erfahren sind, ist die Maßnahme objektiv zwecktauglich, um dieses Ziel zu erreichen.

Somit ist die Maßnahme geeignet.

Die Maßnahme müsste auch erforderlich sein.

Erforderlich ist eine Maßnahme, wenn sie von mehreren möglichen und geeigneten Maßnahmen diejenige ist, die den Einzelnen und die Allgemeinheit voraussichtlich am wenigsten beeinträchtigt.

Da die Personalien des A nicht bekannt sind, ist die Feststellung der Identität gem. § 163b Abs. 1 Satz 1 StPO die geringste, geeignete Maßnahme, diese gesichert festzustellen. Eine mildere Maßnahme ist nicht ersichtlich.

Somit ist die Maßnahme auch erforderlich.

Die Maßnahme müsste auch angemessen sein.

Angemessen ist eine Maßnahme, wenn sie zu dem angestrebten Erfolg nicht erkennbar außer Verhältnis steht. Eine Rechtsgüterabwägung hat zu erfolgen.

Eingegriffen wird in das Recht des A auf freie Entfaltung der Persönlichkeit gem. Art. 2 Abs. 1 GG, in das Recht auf informationelle Selbstbestimmung gem. Art. 2 Abs. 1 i. V. m. Art. 1 Abs. 1 GG und das Recht auf Freiheit der Person, hier als Freiheitsbeschränkung durch das erforderliche Anhalten zur IDF gem. Art. 2 Abs. 2 Satz 2 i. V. m. Art. 104 Abs. 1 GG.

Geschützte Rechtsgüter sind der Strafverfolgungsanspruch des Staates sowie die objektive Rechtsordnung.

Da es sich bei den zu schützenden Rechtsgütern um Universalrechtsgüter, also um Rechte vieler handelt, überwiegen diese in ihrer Wertigkeit.

Der Grundrechtseingriff ist, vorausgesetzt A kann sich ausweisen, nur von kurzer Dauer und bringt keine bleibenden Nachteile mit sich. Zudem hat sich der A durch seine Tat selbst in die Lage gebracht. Der Nachteil, den er erleidet, steht somit insgesamt nicht außer Verhältnis zum angestrebten Zweck der Maßnahme.

Damit ist die Maßnahme auch angemessen.

Die Maßnahme ist insgesamt verhältnismäßig.

3.4 Besondere gesetzliche Pflichten/Formvorschriften

- Tatvorwurf gem. § 163a Abs. 4 Satz 1 StPO,
- RBB gem. § 136 StPO,
- Entlassung der Person, sobald die Identität festgestellt ist, gem. § 163c StPO,
- 12-Stunden-Regel gem. § 163c Abs. 2 StPO.

3.5 Feststellung der Rechtmäßigkeit

Die Feststellung der Identität des A gem. § 163b Abs. 1 Satz 1 StPO ist demnach insgesamt rechtmäßig.

Fall 22: Identitätsfeststellung beim Verdächtigen – § 163b Abs. 1 Satz 1 StPO

Sachverhalt

Sie absolvieren Ihr Praktikum in der BPOLI Hamburg Flughafen und sind zusammen mit PHM Franz zur Einreisekontrolle des Fluges SU 3444 aus Moskau kommend eingesetzt.

Ein Fluggast (F) wird am Grenzkontrollschalter vorstellig und weist sich mit einem französischen Reisepass aus. Bei der Kontrolle des Dokuments stellen Sie fest, dass offensichtlich das Lichtbild im Reisepass ausgetauscht wurde.

Sie eröffnen den Tatvorwurf der Straftat der Urkundenfälschung gem. § 267 StGB und belehren F über seine Rechte. Den Reisepass haben Sie bereits beschlagnahmt.

Aufgabe

Prüfen Sie die Rechtmäßigkeit der nun vordringlich zu treffenden Maßnahme gegenüber F (Ziffer 1.1 bis 3.5 des Prüfschemas)!

Lösungsvorschlag

1 Entscheidung

1.1 Entscheidung zu präventivem oder repressivem Handeln

Die Entscheidung zu präventivem oder repressivem Handeln ist zu treffen. F weist sich bei der Einreisekontrolle mit einem verfälschten französischen Reisepass aus. F hat sich der Straftat der Urkundenfälschung gem. § 267 StGB verdächtig gemacht. Eine Schadensvertiefung ist nicht möglich, da A durch die eingesetzten Kontrollbeamten gestellt wurde. Betroffen sind die Rechtsgüter der öffentlichen Sicherheit, hier die objektive Rechtsordnung, sowie die Sicherheit im Rechtsverkehr und die Sicherheit der Grenze.

Es handelt sich um eine abgeschlossene Rechtsgutverletzung. Daher ist repressives Handeln erforderlich.

1.2 Benennung der zu treffenden Maßnahme

Bei der nun zu treffenden Maßnahme könnte es sich um eine Identitätsfeststellung (IDF) beim Straftatverdächtigen F gem. § 163b Abs. 1 Satz 1 StPO handeln.

2 Zuständigkeit

2.1 Sachliche Zuständigkeit

Die sachliche Zuständigkeit ergibt sich aus § 1 Abs. 2, § 12 Abs. 1 Nr. 3 BPolG i. V. m. § 163 Abs. 1 StPO i. V. m. § 58 Abs. 1 BPolG i. V. m § 1 Abs. 1 BPolZV.

2.2 Örtliche Zuständigkeit

Die örtliche Zuständigkeit ergibt sich aus § 58 Abs. 1 BPolG i. V. m. § 2 Abs. 1 Nr. 2 BPolZV.

3 Eingriff

3.1 Befugnisnorm

Die Voraussetzungen des § 163b Abs. 1 Satz 1 StPO müssten vorliegen.

Es müsste ein <u>Straftatverdacht</u> vorliegen und F müsste <u>Tatverdächtiger</u> sein.

Ein Straftatverdacht besteht, wenn zureichende Anhaltspunkte für eine Straftat bestehen.

Tatverdächtiger ist die Person, bei der die Wahrscheinlichkeit besteht, dass sie Täter oder Teilnehmer der Straftat ist.

Der F legt zur Einreisekontrolle am Grenzkontrollschalter einen französischen Reisepass vor, in dem offensichtlich das Lichtbild ausgetauscht wurde. Sowohl das Vorlegen als auch das Verfälschen begründen für sich den Verdacht einer strafbaren Urkundenfälschung gem. § 267 StGB.

F ist somit Tatverdächtiger einer Straftat.

Die Voraussetzungen für eine Feststellung der Identität gem. § 163b Abs. 1 Satz 1 StPO liegen vor.

3.2 Adressat

Die Maßnahme müsste sich gegen den richtigen Adressaten richten. Dieser ergibt sich aus der Befugnis selbst, also § 163b Abs. 1 StPO. F ist Straftatverdächtiger und somit der richtige Adressat der Maßnahme.

3.3 Allgemeine Rechtmäßigkeitsvoraussetzungen/Verhältnismäßigkeit

Die Maßnahme der IDF müsste verhältnismäßig, *also geeignet, erforderlich und angemessen sein.*

Die Maßnahme müsste geeignet sein.

Geeignet ist die Maßnahme, wenn sie objektiv zwecktauglich ist, das polizeiliche Ziel zu erreichen.

Polizeiliches Ziel ist es, die Personalien des F festzustellen, um gegen F ein Strafverfahren einzuleiten und somit den Strafverfolgungsanspruch des Staates zu gewährleisten. Da durch die Identitätsfeststellung die entsprechenden Personalien des F zu erfahren sind, ist die Maßnahme objektiv zwecktauglich, um dieses Ziel zu erreichen.

Somit ist die Maßnahme geeignet.

Die Maßnahme müsste auch erforderlich sein.

Erforderlich ist eine Maßnahme, wenn sie von mehreren möglichen und geeigneten Maßnahmen diejenige ist, die den Einzelnen und die Allgemeinheit voraussichtlich am wenigsten beeinträchtigt.

Da die Personalien des F nicht bekannt sind, ist die Feststellung der Identität gem. § 163b Abs. 1 Satz 1 StPO die geringste, geeignete Maßnahme, diese gesichert festzustellen. Ein milderes Mittel ist nicht ersichtlich.

Somit ist die Maßnahme auch erforderlich.

Die Maßnahme müsste auch angemessen sein.

Angemessen ist eine Maßnahme, wenn sie zu dem angestrebten Erfolg nicht erkennbar außer Verhältnis steht. Eine Rechtsgüterabwägung hat zu erfolgen.

Eingegriffen wird in das Recht auf freie Entfaltung der Persönlichkeit gem. Art. 2 Abs. 1 GG, in das Recht auf informationelle Selbstbestimmung gem. Art. 2 Abs. 1 i. V. m. Art. 1 Abs. 1 GG und das Recht auf Freiheit der Person, hier als Freiheitsbeschränkung durch das erforderliche Anhalten zur IDF, gem. Art. 2 Abs. 1 Satz 2 i. V. m. Art. 104 Abs. 1 GG des F.

Geschützte Rechtsgüter sind der Strafverfolgungsanspruch des Staates sowie die objektive Rechtsordnung.

Da es sich bei den zu schützenden Rechtsgütern um Universalrechtsgüter, also um Rechte vieler handelt, überwiegen diese in ihrer Wertigkeit.

Der Grundrechtseingriff ist, vorausgesetzt F kann sich ausweisen, nur von kurzer Dauer und bringt keine bleibenden Nachteile mit sich. Zudem hat sich der F durch seine Tat selbst in die Lage gebracht. Der Nachteil, den er erleidet, steht somit insgesamt nicht außer Verhältnis zum angestrebten Zweck der Maßnahme.

Damit ist die Maßnahme auch angemessen.

Die Maßnahme ist insgesamt verhältnismäßig.

3.4 Besondere gesetzliche Pflichten/Formvorschriften

- Tatvorwurf gem. § 163a Abs. 4 Satz 1 StPO,
- RBB gem. § 136 StPO,
- Entlassung der Person, sobald die Identität festgestellt ist, gem. § 163c StPO,
- 12-Stunden-Regel gem. § 163c Abs. 2 StPO.

3.5 Feststellung der Rechtmäßigkeit

Die Feststellung der Identität des F gem. § 163b Abs. 1 Satz 1 StPO ist demnach insgesamt rechtmäßig.

Fall 23: Identitätsfeststellung beim Verdächtigen – § 163b Abs. 1 Satz 1 StPO

Sachverhalt

Sie absolvieren Ihr bahnpolizeiliches Praktikum in der BPOLI Hamburg und haben in der Nachtschicht zusammen mit PHM Beier den Auftrag zur Überwachung des Güterbahnhofs Maschen.

Während Ihres Streifenganges gelingt es Ihnen, einen Graffitistraftäter (G) auf frischer Tat zu stellen, der soeben sein »Kunstwerk« an einem abgestellten Güterwaggon anbringt.

G zeigt sich Ihnen gegenüber unkooperativ und aggressiv. Sie eröffnen ihm den Tatvorwurf der Straftat Sachbeschädigung gem. § 303 StGB und belehren ihn über seine Rechte.

Aufgabe

Prüfen Sie die Rechtmäßigkeit der nun vordringlich zu treffenden Maßnahme gegenüber G (Ziffer 1.1 bis 3.5 des Prüfschemas)!

Lösungsvorschlag

1 Entscheidung

1.1 Entscheidung zu präventivem oder repressivem Handeln

Die Entscheidung zu präventivem oder repressivem Handeln ist zu treffen. G wurde auf frischer Tat durch die BPOL beim Anbringen eines Graffitis auf einem abgestellten Güterwaggon gestellt. G hat sich der Straftat Sachbeschädigung gem. § 303 StGB verdächtig gemacht. Eine Schadensvertiefung ist nicht möglich, da G durch die Streife gestellt wurde. Betroffen sind die Rechtsgüter der öffentlichen Sicherheit, hier die objektive Rechtsordnung, und die Individualrechtsgüter der DB AG auf Eigentum.

Es handelt sich um eine abgeschlossene Rechtsgutverletzung. Repressives Handeln zur Strafverfolgung ist erforderlich.

1.2 Benennung der zu treffenden Maßnahme

Bei der nun zu treffenden Maßnahme könnte es sich um die Identitätsfeststellung (IDF) beim Straftatverdächtigen G gem. § 163b Abs. 1 Satz 1 StPO handeln.

2 Zuständigkeit

2.1 Sachliche Zuständigkeit

Die sachliche Zuständigkeit ergibt sich aus § 1 Abs. 2, § 12 Abs. 1 Nr. 5 BPolG i. V. m. § 163 Abs. 1 StPO i. V. m. § 58 Abs. 1 BPolG i. V. m § 1 Abs. 1 BPolZV.

2.2 Örtliche Zuständigkeit

Die örtliche Zuständigkeit ergibt sich aus § 58 Abs. 1 BPolG i. V. m. § 2 Abs. 1 Nr. 2 BPolZV.

3 Eingriff

3.1 Befugnisnorm

Die Voraussetzungen des § 163b Abs. 1 Satz 1 StPO müssten vorliegen.

Es müsste ein <u>Straftatverdacht</u> vorliegen und G müsste <u>Tatverdächtiger</u> sein.

Ein Straftatverdacht besteht, wenn zureichende Anhaltspunkte für eine Straftat bestehen.

Tatverdächtiger ist die Person, bei der die Wahrscheinlichkeit besteht, dass sie Täter oder Teilnehmer der Straftat ist.

Das unbefugte Anbringen von Graffiti stellt eine Straftat nach § 303 StGB dar. G wurde bei der Tatausführung der Sachbeschädigung beobachtet.

G ist somit Tatverdächtiger einer Straftat.

Die Voraussetzungen für eine Feststellung der Identität gem. § 163b Abs. 1 Satz 1 StPO liegen vor.

3.2 Adressat

Die Maßnahme müsste sich gegen den richtigen Adressaten richten. Dieser ergibt sich aus der Befugnis selbst, also § 163b Abs. 1 StPO. G ist demnach Straftatverdächtiger der Straftat Sachbeschädigung und somit der richtige Adressat der Maßnahme.

3.3 Allgemeine Rechtmäßigkeitsvoraussetzungen/Verhältnismäßigkeit

Die Maßnahme der IDF müsste verhältnismäßig, *also geeignet, erforderlich und angemessen sein.*

Die Maßnahme müsste geeignet sein.

Geeignet ist die Maßnahme, wenn sie objektiv zwecktauglich ist, das polizeiliche Ziel zu erreichen.

Polizeiliches Ziel ist es, die Personalien des G festzustellen, um gegen G ein Strafverfahren einzuleiten und somit den Strafverfolgungsanspruch des Staates zu gewährleisten. Da durch die Identitätsfeststellung die entsprechenden Personalien des G zu erfahren sind, ist die Maßnahme objektiv zwecktauglich, um dieses Ziel zu erreichen.

Somit ist die Maßnahme geeignet.

Die Maßnahme müsste auch erforderlich sein.

Erforderlich ist eine Maßnahme, wenn sie von mehreren möglichen und geeigneten Maßnahmen diejenige ist, die den Einzelnen und die Allgemeinheit voraussichtlich am wenigsten beeinträchtigt.

Da die Personalien des G nicht bekannt sind, ist die Feststellung der Identität gem. § 163b Abs. 1 Satz 1 StPO die geringste, geeignete Maßnahme, diese gesichert festzustellen. Ein milderes Mittel ist nicht ersichtlich.

Somit ist die Maßnahme auch erforderlich.

Die Maßnahme müsste auch angemessen sein.

Angemessen ist eine Maßnahme, wenn sie zu dem angestrebten Erfolg nicht erkennbar außer Verhältnis steht. Eine Rechtsgüterabwägung hat zu erfolgen.

Eingegriffen wird in das Recht auf freie Entfaltung der Persönlichkeit gem. Art. 2 Abs. 1 GG, in das Recht auf informationelle Selbstbestimmung gem. Art. 2 Abs. 1 i. V. m. Art. 1 Abs. 1 GG und in das Recht auf Freiheit der Person, hier als Freiheitsbeschränkung durch das erforderliche Anhalten zur IDF gem. Art. 2 Abs. 2 Satz 2 i. V. m. Art. 104 Abs. 1 GG, des G.

Geschützte Rechtsgüter sind der Strafverfolgungsanspruch des Staates sowie die objektive Rechtsordnung.

Da es sich bei den zu schützenden Rechtsgütern um Universalrechtsgüter, also um Rechte vieler handelt, überwiegen diese in ihrer Wertigkeit.

Der Grundrechtseingriff ist, vorausgesetzt G kann sich ausweisen, nur von kurzer Dauer und bringt keine bleibenden Nachteile mit sich. Zudem hat sich der G durch seine Tat selbst in die Lage gebracht. Der Nachteil, den er erleidet, steht somit insgesamt nicht außer Verhältnis zum angestrebten Zweck der Maßnahme.

Damit ist die Maßnahme auch angemessen.

Die Maßnahme ist insgesamt verhältnismäßig.

3.4 Besondere gesetzliche Pflichten/Formvorschriften

- Tatvorwurf gem. § 163a Abs. 4 Satz 1 StPO,
- RBB gem. § 136 StPO,
- Entlassung der Person, sobald die Identität festgestellt ist, gem. § 163c StPO,
- 12-Stunden-Regel gem. § 163c Abs. 2 StPO.

3.5 Feststellung der Rechtmäßigkeit

Die Feststellung der Identität des G gem. § 163b Abs. 1 Satz 1 StPO ist demnach insgesamt rechtmäßig.

Fall 24: Mitnahme zur Identitätsfeststellung beim Verdächtigen – § 163b Abs. 1 Satz 2 StPO

Sachverhalt

Sie absolvieren Ihr bahnpolizeiliches Praktikum in der BPOLI Hamburg und haben zusammen mit PHM Beier den Auftrag zur Überwachung des Hamburger Hauptbahnhofes.

Während Sie zusammen mit PHM Beier den Außenbereich des Hauptbahnhofes bestreifen, hören Sie plötzlich Sprühgeräusche und das Klappern von Dosen.

Sie erreichen sofort antretend den Ort des Geschehens und können einen Graffitisprayer (G) auf frischer Tat beim Anbringen eines großflächigen Graffitis auf die Außenwand des Hauptbahnhofes stellen.

Sie eröffnen ihm den Tatvorwurf der Sachbeschädigung gem. § 303 StGB und belehren ihn über seine Rechte.

Eine erfolgte Befragung des G nach seinen Personalien sowie eine vor Ort durchgeführte Durchsuchung der Sachen und der Person des G verliefen negativ.

Aufgabe

Prüfen Sie die Rechtmäßigkeit der nun vordringlich zu treffenden Maßnahme gegenüber G (Ziffer 1.1 bis 3.5 des Prüfschemas)!

Lösungsvorschlag

1 Entscheidung

1.1 Entscheidung zu präventivem oder repressivem Handeln

Die Entscheidung zu präventivem oder repressivem Handeln ist zu treffen. G wurde auf frischer Tat beim Anbringen eines Graffitis auf eine Wand des Hauptbahnhofes gestellt. G hat sich der Straftat der Sachbeschädigung gem. § 303 StGB verdächtig gemacht. Eine Schadensvertiefung ist nicht möglich, da G durch die Streife gestellt wurde. Betroffen sind die Rechtsgüter der öffentlichen Sicherheit, hier die objektive Rechtsordnung, und die Individualrechtsgüter der DB AG auf Eigentum.

Es handelt sich um eine abgeschlossene Rechtsgutverletzung. Repressives Handeln ist erforderlich.

1.2 Benennung der zu treffenden Maßnahme

Bei der nun zu treffenden Maßnahme könnte es sich um eine Mitnahme zur Dienststelle zur Identitätsfeststellung (IDF) beim Straftatverdächtigen G gem. § 163b Abs. 1 Satz 2 StPO handeln.

2 Zuständigkeit

2.1 Sachliche Zuständigkeit

Die sachliche Zuständigkeit ergibt sich aus § 1 Abs. 2, § 12 Abs. 1 Nr. 5 BPolG i. V. m. § 163 Abs. 1 StPO i. V. m. § 58 Abs. 1 BPolG i. V. m § 1 Abs. 1 BPolZV.

2.2 Örtliche Zuständigkeit

Die örtliche Zuständigkeit ergibt sich aus § 58 Abs. 1 BPolG i. V. m. § 2 Abs. 1 Nr. 2 BPolZV.

3 Eingriff

3.1 Befugnisnorm

Die Voraussetzungen des § 163b Abs. 1 Satz 2 StPO müssten vorliegen.

Es müsste ein <u>Straftatverdacht</u> vorliegen und G müsste <u>Tatverdächtiger</u> sein.

Ein Straftatverdacht besteht, wenn zureichende Anhaltspunkte für eine Straftat bestehen.

Tatverdächtiger ist die Person, bei der die Wahrscheinlichkeit besteht, dass sie Täter oder Teilnehmer der Straftat ist.

Das unbefugte Anbringen von Graffiti stellt gem. § 303 StGB eine strafbare Sachbeschädigung dar. G wurde bei der Tatausführung der Straftat beobachtet.

G ist somit Tatverdächtiger einer Straftat.

Die Voraussetzungen für eine Feststellung der Identität gem. § 163b Abs. 1 Satz 1 StPO liegen vor.

Weiterhin dürfte die Feststellung der Identität sonst nicht oder nur unter erheblichen Schwierigkeiten möglich sein.

Sollte die Feststellung der Identität mit einfachen Mitteln nicht zum Ziel führen, so können weiterführende Maßnahmen getroffen werden, um die Identität für das Strafverfahren zu sichern.

Eine erfolgte Befragung des G nach seinen Personalien sowie eine vor Ort durchgeführte Durchsuchung der Sachen und der Person des G verliefen negativ. Das bedeutet, dass die Feststellung seiner Identität vor Ort mit einfachen Mitteln nicht möglich ist.

Daher sind in diesem Fall weiterführende Maßnahmen, wie hier die Mitnahme des G zur Dienststelle zur Feststellung der Identität, erforderlich, um das Strafverfahren zu sichern.

Somit ist die Feststellung der Identität des G sonst nicht oder nur unter erheblichen Schwierigkeiten möglich.

Die Voraussetzungen für eine Mitnahme zur Dienststelle zur Feststellung der Identität gem. § 163b Abs. 1 Satz 2 StPO liegen insgesamt vor.

3.2 Adressat

Die Maßnahme müsste sich gegen den richtigen Adressaten richten. Dieser ergibt sich aus der Befugnis selbst, also § 163b Abs. 1 StPO. G ist Straftatverdächtiger und somit der richtige Adressat der Maßnahme.

3.3 Allgemeine Rechtmäßigkeitsvoraussetzungen/Verhältnismäßigkeit

Die Maßnahme der IDF müsste verhältnismäßig, *also geeignet, erforderlich und angemessen sein.*

Die Maßnahme müsste geeignet sein.

Geeignet ist die Maßnahme, wenn sie objektiv zwecktauglich ist, das polizeiliche Ziel zu erreichen.

Polizeiliches Ziel ist es, die Personalien des G festzustellen, um gegen G ein Strafverfahren einzuleiten und somit den Strafverfolgungsanspruch des Staates zu gewährleisten. Da durch die Identitätsfeststellung die entsprechenden Personalien des G zu erfahren sind, ist die Maßnahme objektiv zwecktauglich, um dieses Ziel zu erreichen.

Somit ist die Maßnahme geeignet.

Die Maßnahme müsste auch erforderlich sein.

Erforderlich ist eine Maßnahme, wenn sie von mehreren möglichen und geeigneten Maßnahmen diejenige ist, die den Einzelnen und die Allgemeinheit voraussichtlich am wenigsten beeinträchtigt.

Die Personalien des G sind nicht bekannt. Eine mildere Maßnahme als die Mitnahme zur Dienststelle zur Feststellung der Identität gem. § 163b Abs. 1 Satz 2 StPO wäre die Durchsuchung zur IDF gem. § 163b Abs. 1 Satz 3 StPO und die Feststellung der Identität gem. § 163b Abs. 1 Satz 1 StPO mit einfachen Mitteln. Eine erfolgte Befragung des G nach seinen Personalien sowie eine vor Ort durchgeführte Durchsuchung der Sachen und der Person des G verliefen negativ. Eine IDF vor Ort mit einfachen Mitteln war nicht möglich. Somit ist die Mitnahme des G zur Dienststelle zur Feststellung der Identität gem. § 163b Abs. 1 Satz 2 StPO die geringste, geeignete Maßnahme, um gesichert die Identität des G festzustellen.

Somit ist die Maßnahme auch erforderlich.

Die Maßnahme müsste auch angemessen sein.

Angemessen ist eine Maßnahme, wenn sie zu dem angestrebten Erfolg nicht erkennbar außer Verhältnis steht. Eine Rechtsgüterabwägung hat zu erfolgen.

Eingegriffen wird in das Recht auf freie Entfaltung der Persönlichkeit gem. Art. 2 Abs. 2 GG, in das Recht auf informationelle Selbstbestimmung gem. Art. 2 Abs. 1 i. V. m. Art. 1 Abs. 1 GG und in das Recht auf Freiheit der Person, hier als Freiheitsentziehung durch die Mitnahme zur Dienststelle zur IDF gem. Art. 2 Abs. 2 Satz 2 i. V. m. Art. 104 Abs. 2 GG, des G.

Geschützte Rechtsgüter sind der Strafverfolgungsanspruch des Staates sowie die objektive Rechtsordnung.

Ein Eingriff in das Grundrecht auf Freiheit der Person gehört zu den schwerwiegendsten Grundrechtseingriffen. Der Grundrechtseingriff in die Rechte des G ist aber nur von kurzer Dauer, hier bis zur Feststellung der Identität (max. 12 Std. gem. § 163c Abs. 2 StPO). Der Eingriff in die Rechte des G bringt keine bleibenden Schäden für G mit sich. Zudem hat sich der G durch seine Tat selbst in die Lage gebracht. Gegen G besteht dringender Tatverdacht der Straftat Sachbeschädigung gem. § 303 StGB. Der Nachteil, den G erleidet, steht somit insgesamt nicht außer Verhältnis zum angestrebten Zweck der Maßnahme.

Damit ist die Maßnahme auch angemessen.

Die Maßnahme ist insgesamt verhältnismäßig.

3.4 Besondere gesetzliche Pflichten/Formvorschriften

- Tatvorwurf gem. § 163a Abs. 4 Satz 1 StPO,
- RBB gem. § 136 StPO,
- Richtervorbehalt gem. § 163c Abs. 1 Satz 2 StPO,
- Entlassung der Person, sobald die Identität festgestellt ist, gem. § 163c Abs. 1 StPO,
- Dauer der Maßnahme max. 12 Stunden gem. § 163c Abs. 2 StPO,
- Belehrungspflichten gem. §§ 114a, 114b, 114c StPO beim Festgehaltenen analog.

3.5 Feststellung der Rechtmäßigkeit

Die Mitnahme des G zur Dienststelle zur Feststellung der Identität gem. § 163b Abs. 1 Satz 2 StPO ist demnach insgesamt rechtmäßig.

Fall 25: Durchsuchung zur Identitätsfeststellung beim Verdächtigen – § 163b Abs. 1 Satz 3 StPO

Sachverhalt

Sie absolvieren Ihr bahnpolizeiliches Praktikum in der BPOLI Hamburg und haben zusammen mit PHM Beier den Auftrag zur Überwachung des Hamburger Hauptbahnhofs.

Während der Anreisephase zu einem Fußballbundesligaspiel geraten die beiden rivalisierenden Fußballfans F und E in Streit. F schlägt dabei E mit einer Bierflasche auf den Kopf. Es gelingt Ihnen, die beiden voneinander zu trennen.

Sie eröffnen F den Tatvorwurf der Straftat der Körperverletzung gem. §§ 223, 224 StGB und belehren ihn über seine Rechte.

F gibt Ihnen gegenüber an, keinerlei Ausweisdokumente mitzuführen. Er macht auf Sie jedoch einen alkoholisierten Eindruck und Sie sind sich nicht sicher, ob F wahrheitsgemäße Angaben macht.

Aufgabe

Prüfen Sie die Rechtmäßigkeit der nun vordringlich zu treffenden Maßnahme gegenüber F (Ziffer 1.1 bis 3.5 des Prüfschemas)!

Lösungsvorschlag

1 Entscheidung

1.1 Entscheidung zu präventivem oder repressivem Handeln

Die Entscheidung zu präventivem oder repressivem Handeln ist zu treffen. F hat E mit der Bierflasche auf den Kopf geschlagen. F hat sich der Straftat der gefährlichen Körperverletzung gem. §§ 223, 224 StGB verdächtig gemacht. Eine Schadensvertiefung ist nicht möglich, da F durch die Streife gestellt wurde. Betroffen sind die Rechtsgüter der öffentlichen Sicherheit, hier die objektive Rechtsordnung, und die Individualrechtsgüter des E auf körperliche Unversehrtheit/Gesundheit und Leben.

Es handelt sich um eine abgeschlossene Rechtsgutverletzung. Daher ist hier repressives Handeln erforderlich.

1.2 Benennung der zu treffenden Maßnahme

Bei der nun zu treffenden Maßnahme könnte es sich um die Durchsuchung zur Identitätsfeststellung (IDF) beim Straftatverdächtigen F gem. § 163b Abs. 1 Satz 3 StPO handeln.

2 Zuständigkeit

2.1 Sachliche Zuständigkeit

Die sachliche Zuständigkeit ergibt sich aus § 1 Abs. 2, § 12 Abs. 1 Nr. 5 BPolG i. V. m. § 163 Abs. 1 StPO i. V. m. § 58 Abs. 1 BPolG i. V. m § 1 Abs. 1 BPolZV.

2.2 Örtliche Zuständigkeit

Die örtliche Zuständigkeit ergibt sich aus § 58 Abs. 1 BPolG i. V. m. § 2 Abs. 1 Nr. 2 BPolZV.

3 Eingriff

3.1 Befugnisnorm

Die Voraussetzungen des § 163b Abs. 1 Satz 3 StPO müssten vorliegen.

Es müsste ein <u>Straftatverdacht</u> vorliegen und F müsste <u>Tatverdächtiger</u> sein.

Ein Straftatverdacht besteht, wenn zureichende Anhaltspunkte für eine Straftat bestehen.

Tatverdächtiger ist die Person, bei der die Wahrscheinlichkeit besteht, dass sie Täter oder Teilnehmer der Straftat ist.

F hat mit der Bierflasche den E geschlagen. Das Schlagen mit der Flasche könnte eine strafbare Körperverletzung gem. §§ 223, 224 StGB darstellen.

F ist somit Tatverdächtiger einer Straftat.

Die Voraussetzungen für eine Feststellung der Identität gem. § 163b Abs. 1 Satz 1 StPO liegen vor.

Weiterhin dürfte die Feststellung der Identität sonst nicht oder nur unter erheblichen Schwierigkeiten möglich sein.

Sollte die Feststellung der Identität mit einfachen Mitteln nicht zum Ziel führen, so können weiterführende Maßnahmen getroffen werden, um die Identität für das Strafverfahren zu sichern.

F gibt an, keinerlei Ausweispapiere bei sich zu führen. Das bedeutet, dass die Feststellung seiner Identität vor Ort mit einfachen Mitteln wie Anhalten, Befragen und Aushändigen der Dokumente nicht möglich ist.

Daher sind in diesem Fall weiterführende Maßnahmen wie hier die Durchsuchung zur Feststellung der Identität erforderlich, um das Strafverfahren zu sichern.

Somit ist die Feststellung der Identität sonst nicht oder nur unter erheblichen Schwierigkeiten möglich.

Die Voraussetzungen für eine Feststellung der Identität gem. § 163b Abs. 1 Satz 3 StPO liegen insgesamt vor.

3.2 Adressat

Die Maßnahme müsste sich gegen den richtigen Adressaten richten. Dieser ergibt sich aus der Befugnis selbst, hier § 163b Abs. 1 StPO. F hat dem E mit der Bierflasche auf den Kopf geschlagen, ist demnach Straftatverdächtiger und somit der richtige Adressat der Maßnahme.

3.3 Allgemeine Rechtmäßigkeitsvoraussetzungen/Verhältnismäßigkeit

Die Maßnahme der IDF müsste verhältnismäßig, *also geeignet, erforderlich und angemessen sein.*

Die Maßnahme müsste geeignet sein.

Geeignet ist die Maßnahme, wenn sie objektiv zwecktauglich ist, das polizeiliche Ziel zu erreichen.

Polizeiliches Ziel ist es, die Personalien des F festzustellen, um gegen F ein Strafverfahren einzuleiten und somit den Strafverfolgungsanspruch des Staates zu gewährleisten. Da durch die Identitätsfeststellung die entsprechenden Personalien des F zu erfahren sind, ist die Maßnahme objektiv zwecktauglich, um dieses Ziel zu erreichen.

Somit ist die Maßnahme geeignet.

Die Maßnahme müsste auch erforderlich sein.

Erforderlich ist eine Maßnahme, wenn sie von mehreren möglichen und geeigneten Maßnahmen diejenige ist, die den Einzelnen und die Allgemeinheit voraussichtlich am wenigsten beeinträchtigt.

Die Personalien des F sind nicht bekannt. Eine mildere Maßnahme als die Durchsuchung zur IDF wäre die Feststellung der Identität gem. § 163b

Abs. 1 Satz 1 StPO mit einfachen Mitteln. F gibt aber an, keinerlei Ausweisdokumente bei sich zu führen. Eine IDF vor Ort mit einfachen Mitteln ist nicht möglich. Gem. § 163b Abs. 1 Satz 3 StPO wäre zunächst eine Durchsuchung der mitgeführten Sachen ein milderer Eingriff als die Durchsuchung der Person. Da F aber keine Sachen mitführt, ist die Durchsuchung der Person des F zur IDF gem. § 163b Abs. 1 Satz 3 StPO die geringste, geeignete Maßnahme, um gesichert die Identität des F festzustellen.

Somit ist die Maßnahme auch erforderlich.

Die Maßnahme müsste auch <u>angemessen</u> sein.

Angemessen ist eine Maßnahme, wenn sie zu dem angestrebten Erfolg nicht erkennbar außer Verhältnis steht. Eine Rechtsgüterabwägung hat zu erfolgen.

Eingegriffen wird in das Recht auf freie Entfaltung der Persönlichkeit gem. Art. 2 Abs. 1 GG, in das Recht auf informationelle Selbstbestimmung gem. Art. 2 Abs. 1 i. V. m. Art. 1 Abs. 1 GG und in das Recht auf Freiheit der Person, hier als Freiheitsbeschränkung durch das erforderliche Anhalten zur IDF und das Fixieren in der Durchsuchungsstellung gem. Art. 2 Abs. 2 Satz 2 i. V. m. Art. 104 Abs. 1 GG des F.

Geschützte Rechtsgüter sind der Strafverfolgungsanspruch des Staates sowie die objektive Rechtsordnung.

Da es sich bei den zu schützenden Rechtsgütern um Universalrechtsgüter, also um Rechte vieler handelt, überwiegen diese in ihrer Wertigkeit.

Der Grundrechtseingriff ist nur von kurzer Dauer und bringt keine bleibenden Nachteile mit sich. Zudem hat sich der F durch seine Tat selbst in die Lage gebracht. Der Nachteil, den er erleidet, steht somit insgesamt nicht außer Verhältnis zum angestrebten Zweck der Maßnahme.

Damit ist die Maßnahme auch angemessen.

Die Maßnahme ist insgesamt verhältnismäßig.

3.4 Besondere gesetzliche Pflichten/Formvorschriften

- Tatvorwurf gem. § 163a Abs. 4 Satz 1 StPO,
- RBB gem. § 136 StPO,
- Entlassung der Person, sobald die Identität festgestellt ist, gem. § 163c StPO,
- bei der Durchsuchung der Person § 81d StPO analog.

3.5 Feststellung der Rechtmäßigkeit

Die Durchsuchung des F zur Feststellung der Identität gem. § 163b Abs. 1 Satz 3 StPO ist demnach insgesamt rechtmäßig.

Fall 26: Erkennungsdienstliche Behandlung zur Identitätsfeststellung beim Verdächtigen – § 163b Abs. 1 Satz 3 StPO

Sachverhalt

Sie absolvieren Ihr grenzpolizeiliches Praktikum in der BPOLI Forst und haben zusammen mit PHM Geißler den Auftrag zur Überwachung des 30-km-Bereiches.

Sie kontrollieren soeben ein fahndungsrelevantes Fahrzeug. Plötzlich greift Sie der Fahrer (B) während der Durchsuchung des Fahrzeuges unvermittelt an. Es gelingt Ihnen, den Angriff abzuwehren und den B zu stellen.

Sie eröffnen ihm den Tatvorwurf des tätlichen Angriffes gegen Vollstreckungsbeamte gem. § 114 StGB und belehren ihn über seine Rechte.

Eine erfolgte Befragung des B nach seinen Personalien sowie eine vor Ort durchgeführte Durchsuchung der Sachen und der Person des B verlaufen negativ. Sie nehmen B mit zur Dienststelle.

Aufgabe

Prüfen Sie die Rechtmäßigkeit der nun vordringlich zu treffenden Maßnahme gegenüber B auf der Dienststelle (Ziffer 1.1 bis 3.5 des Prüfschemas)!

Lösungsvorschlag

1 Entscheidung

1.1 Entscheidung zu präventivem oder repressivem Handeln

Die Entscheidung zu präventivem oder repressivem Handeln ist zu treffen. B hat die kontrollierende Streife während der Durchsuchung des Fahrzeuges angegriffen. B hat sich der Straftat des tätlichen Angriffes auf Vollstreckungsbeamte gem. § 114 StGB verdächtig gemacht. Eine Schadensvertiefung ist nicht möglich, da B durch die Streife gestellt wurde. Betroffen sind die Rechtsgüter der öffentlichen Sicherheit, hier die objektive Rechtsordnung, und die Individualrechtsgüter der PVB auf körperliche Unversehrtheit und Gesundheit. Da es sich hier um PVB handelt, die angegriffen wurden, ist weiterhin auch das ungestörte Funktionieren staatlicher Einrichtungen (BPOL) betroffen.

Es handelt sich um eine abgeschlossene Rechtsgutverletzung. Daher ist repressives Handeln erforderlich.

1.2 Benennung der zu treffenden Maßnahme

Bei der nun zu treffenden Maßnahme könnte es sich um eine erkennungsdienstliche Behandlung (ED-Behandlung) des B zur Identitätsfeststellung (IDF) beim Straftatverdächtigen gem. § 163b Abs. 1 Satz 3 StPO handeln.

2 Zuständigkeit

2.1 Sachliche Zuständigkeit

Die sachliche Zuständigkeit ergibt sich aus § 1 Abs. 2, § 12 Abs. 1 Nr. 1 BPolG i. V. m. § 163 Abs. 1 StPO i. V. m. § 58 Abs. 1 BPolG i. V. m. § 1 Abs. 1 BPolZV.

2.2 Örtliche Zuständigkeit

Die örtliche Zuständigkeit ergibt sich aus § 58 Abs. 1 BPolG i. V. m. § 2 Abs. 1 Nr. 8 BPolZV.

3 Eingriff

3.1 Befugnisnorm

Die Voraussetzungen des § 163b Abs. 1 Satz 1 StPO müssten vorliegen.

Es müsste ein <u>Straftatverdacht</u> vorliegen und B müsste <u>Tatverdächtiger</u> sein.

Ein Straftatverdacht besteht, wenn zureichende Anhaltspunkte für eine Straftat bestehen.

Tatverdächtiger ist die Person, bei der die Wahrscheinlichkeit besteht, dass sie Täter oder Teilnehmer der Straftat ist.

Ein tätlicher Angriff auf Vollstreckungsbeamte stellt gem. § 114 StGB eine Straftat dar. Da B gemäß Sachverhalt die Beamten der Grenzstreife angegriffen hat, ist er der Tat verdächtig.

B ist somit Tatverdächtiger einer Straftat.

Die Voraussetzungen für eine Feststellung der Identität gem. § 163b Abs. 1 Satz 1 StPO liegen vor.

Weiterhin dürfte die Feststellung der Identität sonst nicht oder nur unter erheblichen Schwierigkeiten möglich sein.

Sollte die Feststellung der Identität mit einfachen Mitteln nicht zum Ziel führen, so können weiterführende Maßnahmen getroffen werden, um die Identität für das Strafverfahren zu sichern.

Eine erfolgte Befragung des B nach seinen Personalien sowie eine vor Ort durchgeführte Durchsuchung der Sachen und der Person des B verliefen negativ.

Somit ist die Feststellung der Identität sonst nicht oder nur unter erheblichen Schwierigkeiten möglich.

Die Voraussetzungen für eine ED-Behandlung des B zur Feststellung der Identität gem. § 163b Abs. 1 Satz 3 StPO liegen insgesamt vor.

3.2 Adressat

Die Maßnahme müsste sich gegen den richtigen Adressaten richten. Dieser ergibt sich aus der Befugnis selbst, hier § 163b Abs. 1 StPO. B ist Straftatverdächtiger und somit der richtige Adressat der Maßnahme.

3.3 Allgemeine Rechtmäßigkeitsvoraussetzungen/Verhältnismäßigkeit

Die Maßnahme der IDF müsste verhältnismäßig, *also geeignet, erforderlich und angemessen sein.*

Die Maßnahme müsste geeignet sein.

Geeignet ist die Maßnahme, wenn sie objektiv zwecktauglich ist, das polizeiliche Ziel zu erreichen.

Polizeiliches Ziel ist es, die Personalien des B festzustellen, um gegen B ein Strafverfahren einzuleiten und somit den Strafverfolgungsanspruch des Staates zu gewährleisten. Da durch die Identitätsfeststellung die entsprechenden Personalien des B zu erfahren sind, ist die Maßnahme objektiv zwecktauglich, um dieses Ziel zu erreichen.

Somit ist die Maßnahme geeignet.

Die Maßnahme müsste auch erforderlich sein.

Erforderlich ist eine Maßnahme, wenn sie von mehreren möglichen und geeigneten Maßnahmen diejenige ist, die den Einzelnen und die Allgemeinheit voraussichtlich am wenigsten beeinträchtigt.

Die Personalien des B sind nicht bekannt. Eine mildere Maßnahme als die ED-Behandlung des B zur Feststellung der Identität gem. § 163b Abs. 1 Satz 3 StPO wäre die Durchsuchung von Person und Sachen zur Feststellung der Identität gem. § 163b Abs. 1 Satz 3 StPO und die Feststellung der Identität gem. § 163b Abs. 1 Satz 1 StPO mit einfachen Mitteln (Anhalten, Befragen, Aushändigen lassen von Ausweisdokumenten etc.).

Eine erfolgte Befragung des B nach seinen Personalien sowie eine vor Ort durchgeführte Durchsuchung der Sachen und der Person des B verliefen negativ. Somit ist die ED-Behandlung des B zur Feststellung der Identität gem. § 163b Abs. 1 Satz 3 StPO die geringste, geeignete Maßnahme, um gesichert die Identität des B festzustellen.

Somit ist die Maßnahme auch erforderlich.

Die Maßnahme müsste auch <u>angemessen</u> sein.

Angemessen ist eine Maßnahme, wenn sie zu dem angestrebten Erfolg nicht erkennbar außer Verhältnis steht. Eine Rechtsgüterabwägung hat zu erfolgen.

Eingegriffen wird in das Recht auf freie Entfaltung der Persönlichkeit gem. Art. 2 Abs. 1 GG, in das Recht auf informationelle Selbstbestimmung gem. Art. 2 Abs. 1 i. V. m. Art. 1 Abs. 1 GG und in das Recht auf Freiheit der Person, hier als Freiheitsentziehung durch die Mitnahme zur Dienststelle zur Durchführung der erkennungsdienstlichen Behandlung zur Feststellung der Identität gem. Art. 2 Abs. 2 Satz 2 i. V. m. Art. 104 Abs. 2 GG des B.

Geschützte Rechtsgüter sind demgegenüber der Strafverfolgungsanspruch des Staates sowie die objektive Rechtsordnung.

Ein Eingriff in das Grundrecht auf Freiheit der Person gehört zu den schwerwiegendsten Grundrechtseingriffen. Der Grundrechtseingriff in die Rechte des B ist aber nur von kurzer Dauer, hier bis zur Feststellung der Identität (max. 12 Std. gem. § 163c Abs. 2 StPO). Der Eingriff in die Rechte des B bringt keine bleibenden Schäden für B mit sich. Zudem hat sich der B durch seine Tat selbst in die Lage gebracht. Gegen B besteht dringender Tatverdacht der Straftat des tätlichen Angriffes gegen Vollstreckungsbeamte gem. § 114 StGB. Der Nachteil, den B erleidet, steht somit insgesamt nicht außer Verhältnis zum angestrebten Zweck der Maßnahme.

Damit ist die Maßnahme auch angemessen.

Die Maßnahme ist insgesamt verhältnismäßig.

3.4 Besondere gesetzliche Pflichten/Formvorschriften

- Tatvorwurf gem. § 163a Abs. 4 Satz 1 StPO,
- RBB gem. § 136 StPO,
- Richtervorbehalt gem. § 163c Abs. 1 Satz 2 StPO,
- Entlassung der Person, sobald die Identität festgestellt ist, gem. § 163c Abs. 1 StPO,
- Dauer der Maßnahme max. 12 Stunden gem. § 163c Abs. 2 StPO,
- Belehrungspflichten gem. §§ 114a,114b, 114c StPO beim Festgehaltenen analog.

3.5 Feststellung der Rechtmäßigkeit

Die ED-Behandlung des B zur Feststellung der Identität gem. § 163b Abs. 1 Satz 3 StPO ist demnach insgesamt rechtmäßig.

2.10 Fälle zur Identitätsfeststellung beim Unverdächtigen

Fall 27: Identitätsfeststellung beim Unverdächtigen – § 163b Abs. 2 Satz 1 StPO

Sachverhalt

Sie absolvieren Ihr bahnpolizeiliches Praktikum in der BPOLI Hamburg und haben zusammen mit PHM Beier den Auftrag zur Überwachung des Hamburger Hauptbahnhofes.

Während Ihres Streifenganges kommt plötzlich ein Mitarbeiter der DB AG (M) auf Sie zu und teilt Ihnen mit, dass er soeben beobachtet hat, wie eine männliche Person (P) vor Wut über einen verpassten Anschlusszug mit der Faust gegen die Scheibe der Fahrplanauskunft geschlagen hat. Die Scheibe ist daraufhin zersplittert.

P solle sich nun im Reisezentrum der DB AG aufhalten, um Auskunft über mögliche Anschlussverbindungen zu erfragen.

Aufgabe

Prüfen Sie die Rechtmäßigkeit der nun vordringlich zu treffenden Maßnahme gegenüber M (Ziffer 1.1 bis 3.5 des Prüfschemas)!

Lösungsvorschlag

1 Entscheidung

1.1 Entscheidung zu präventivem oder repressivem Handeln

Die Entscheidung zu präventivem oder repressivem Handeln ist zu treffen. P hat vor Wut eine Scheibe der Fahrplanauskunft zerschlagen. Der P hat sich einer Sachbeschädigung gem. § 303 StGB verdächtig gemacht. Der Mitarbeiter M der DB AG hat ihn dabei beobachtet. Eine Schadensvertiefung ist nicht möglich, da P sich vom Tatort entfernt hat und sich nun im Reisezentrum der DB AG befindet. Betroffen sind die Rechtsgüter der öffentlichen Sicherheit, hier die objektive Rechtsordnung, und die Individualrechtsgüter der DB AG auf Eigentum.

Es handelt sich um eine abgeschlossene Rechtsgutverletzung. Repressives Handeln ist erforderlich.

1.2 Benennung der zu treffenden Maßnahme

Bei der nun zu treffenden Maßnahme könnte es sich um die Identitätsfeststellung (IDF) beim Straftatunverdächtigen M gem. § 163b Abs. 2 Satz 1, 1. Halbsatz StPO handeln.

2 Zuständigkeit

2.1 Sachliche Zuständigkeit

Die sachliche Zuständigkeit ergibt sich aus § 1 Abs. 2, § 12 Abs. 1 Nr. 5 BPolG i. V. m. § 163 Abs. 1 StPO i. V. m. § 58 Abs. 1 BPolG i. V. m. § 1 Abs. 1 BPolZV.

2.2 Örtliche Zuständigkeit

Die örtliche Zuständigkeit ergibt sich aus § 58 Abs. 1 BPolG i. V. m. § 2 Abs. 1 Nr. 2 BPolZV.

3 Eingriff

3.1 Befugnisnorm

Die Voraussetzungen des § 163b Abs. 2 Satz 1, 1. Halbsatz StPO müssen vorliegen.

Zunächst müsste ein Straftatverdacht vorliegen.

Das heißt, es liegen tatsächliche Anhaltspunkte dafür vor, dass eine verfolgbare Straftat begangen wurde.

Ein sog. Anfangsverdacht gem. § 152 Abs. 2 StPO der Straftat Sachbeschädigung gem. § 303 StGB liegt vor. Dieser richtet sich hier gegen den P.

Somit liegt ein Straftatverdacht vor.

Der Betroffene müsste tatunverdächtige Person sein.

Unter diesen Begriff fallen alle Personen, die nicht zu den Verdächtigen i. S. d. § 163b Abs. 1 StPO gehören.

Der Mitarbeiter M der DB AG hat beobachtet, wie der Straftatverdächtige P die Scheibe der Fahrplanauskunft zerschlagen hat. Der Mitarbeiter M der DB AG ist also tatunverdächtige Person.

Die IDF müsste zur Aufklärung einer Straftat geboten sein.

Die Identitätsfeststellung ist zur Aufklärung einer Straftat geboten, wenn konkrete Anhaltspunkte vorliegen, dass die unverdächtige Person als Zeuge oder Augenscheinsobjekt für das Strafverfahren benötigt wird.

Der Mitarbeiter M der DB AG kann als Zeuge Aussagen zum Tathergang und Täter machen und ist für das beweissichere Strafverfahren von Bedeutung. Er wird also zur Überführung des Täters im Strafverfahren benötigt.

Somit ist die IDF bei M zur Aufklärung der Straftat geboten.

Die Voraussetzungen für eine Feststellung der Identität des M gem. § 163b Abs. 2 Satz 1, 1. Halbsatz StPO liegen insgesamt vor.

3.2 Adressat

Die Maßnahme müsste sich gegen den richtigen Adressaten richten. Dieser ergibt sich aus der Befugnis selbst, hier aus § 163b Abs. 2 StPO. M ist demnach Straftatunverdächtiger, zugleich Zeuge und somit der richtige Adressat der Maßnahme.

3.3 Allgemeine Rechtmäßigkeitsvoraussetzungen/Verhältnismäßigkeit

Die Maßnahme der IDF müsste verhältnismäßig, *also geeignet, erforderlich und angemessen sein.*

Die Maßnahme müsste geeignet sein.

Geeignet ist die Maßnahme, wenn sie objektiv zwecktauglich ist, das polizeiliche Ziel zu erreichen.

Polizeiliches Ziel ist es, die Personalien des Zeugen M festzustellen, um eine spätere Erreichbarkeit des M zu ermöglichen, um ihn als Zeugen in dem Verfahren vorladen und vernehmen zu können.

Da durch die Identitätsfeststellung die entsprechenden Personalien des M zu erfahren sind, ist die Maßnahme objektiv zwecktauglich, um dieses Ziel zu erreichen.

Somit ist die Maßnahme geeignet.

Die Maßnahme müsste auch erforderlich sein.

Erforderlich ist eine Maßnahme, wenn sie von mehreren möglichen und geeigneten Maßnahmen diejenige ist, die den Einzelnen und die Allgemeinheit voraussichtlich am wenigsten beeinträchtigt.

Eine mildere Maßnahme ist nicht vorhanden, um gesichert die Identität des M für das Strafverfahren festzustellen.

Die Maßnahme ist somit auch erforderlich.

Die Maßnahme müsste auch <u>angemessen</u> sein.

Angemessen ist eine Maßnahme, wenn sie zu dem angestrebten Erfolg nicht erkennbar außer Verhältnis steht. Eine Rechtsgüterabwägung hat zu erfolgen.

Eingegriffen wird in das Recht auf freie Entfaltung der Persönlichkeit gem. Art. 2 Abs. 1 GG, in das Recht auf informationelle Selbstbestimmung gem. Art. 2 Abs. 1 i. V. m. Art. 1 Abs. 1 GG und in das Recht auf Freiheit der Person, hier als Freiheitsbeschränkung durch das erforderliche Anhalten zur IDF gem. Art. 2 Abs. 2 S. 2 i. V. m. Art. 104 Abs. 1 GG, des Mitarbeiters M der DB AG.

Geschützte Rechtsgüter sind der Strafverfolgungsanspruch des Staates sowie die objektive Rechtsordnung.

Da es sich bei den zu schützenden Rechtsgütern um Universalrechtsgüter, also um Rechte vieler handelt, überwiegen diese in ihrer Wertigkeit.

Der Grundrechtseingriff ist, vorausgesetzt M kann sich ausweisen, nur von kurzer Dauer und bringt keine bleibenden Nachteile mit sich. Die Maßnahme ist im Interesse des Mitarbeiters M der DB AG. Der Nachteil, den M erleidet, steht somit insgesamt nicht außer Verhältnis zum angestrebten Zweck der Maßnahme. Damit ist die Maßnahme auch angemessen.

Die Maßnahme ist somit insgesamt verhältnismäßig.

3.4 Besondere gesetzliche Pflichten/Formvorschriften

- Entlassung der Person, sobald die Identität festgestellt ist, gem. § 163c StPO,
- Bezeichnung des Gegenstandes der Untersuchung und der Person des Beschuldigten gem. § 69 Abs. 1 StPO,
- Vernichtung der im Zusammenhang mit der Feststellung angefallenen Unterlagen, sobald die Identität feststeht, gem. § 163c Abs. 3 StPO.

3.5 Feststellung der Rechtmäßigkeit

Die Feststellung der Identität beim Straftatunverdächtigen M gem. § 163b Abs. 2 Satz 1, 1. Halbsatz StPO ist demnach insgesamt rechtmäßig.

Fall 28: Festhalten zur Identitätsfeststellung beim Unverdächtigen – § 163b Abs. 2 Satz 2 StPO

Sachverhalt

Sie absolvieren Ihr bahnpolizeiliches Praktikum in der BPOLI Hamburg und haben zusammen mit PHM Beier den Auftrag zur Überwachung des Hamburger Hauptbahnhofes.

Während Ihres Streifenganges kommt plötzlich der Reisende (R) auf Sie zu und teilt Ihnen aufgeregt mit, dass er soeben beobachtet hat, wie eine weibliche Person (F) in der Wandelhalle einen wartenden Herrn (H) angegriffen, geschlagen und getreten habe, bis H bewusstlos auf dem Boden liegen geblieben sei.

F solle sich noch in der Wandelhalle aufhalten. Sie veranlassen sofort über Funk eine Tatortbereichsfahndung. Einer hinzugezogenen Streife gelingt es, F zu stellen. Die Streife trifft weiterhin die erforderlichen Maßnahmen gegenüber H und F in der Wandelhalle.

Sie befragen R daraufhin nach seinen Personalien. R hat allerdings keine Ausweisdokumente bei sich, gibt Ihnen gegenüber glaubhaft an, dass sich sein Personalausweis zu Hause befinde und seine Ehefrau diesen gleich bringen könne.

Aufgabe

Prüfen Sie die Rechtmäßigkeit der nun von Ihnen gegenüber R vordringlich zu treffenden Maßnahme (Ziffer 1.1 bis 3.5 des Prüfschemas)!

Lösungsvorschlag

1 Entscheidung
1.1 Entscheidung zu präventivem oder repressivem Handeln

Die Entscheidung zu präventivem oder repressivem Handeln ist zu treffen. Eine Frau F hat einen wartenden Herrn H in der Wandelhalle bewusstlos geprügelt. Die F hat sich einer Körperverletzung nach § 223 StGB verdächtig gemacht. Der Reisende R hat die F dabei beobachtet. Eine Schadensvertiefung ist nicht möglich, da F von einer weiteren Streife gestellt wurde. Betroffen sind die Rechtsgüter der öffentlichen Sicherheit, hier die objektive Rechtsordnung, und die Individualrechtsgüter des H auf körperliche Unversehrtheit und Gesundheit sowie auf Leben.

Es handelt sich um eine abgeschlossene Rechtsgutverletzung. Repressives Handeln ist erforderlich.

1.2 Benennung der zu treffenden Maßnahme

Bei der nun zu treffenden Maßnahme könnte es sich um ein Festhalten des R zur Identitätsfeststellung (IDF) beim Straftatunverdächtigen gem. § 163b Abs. 2 Satz 2 StPO handeln.

2 Zuständigkeit
2.1 Sachliche Zuständigkeit

Die sachliche Zuständigkeit ergibt sich aus § 1 Abs. 2, § 12 Abs. 1 Nr. 5 BPolG i. V. m. § 163 Abs. 1 StPO i. V. m. § 58 Abs. 1 BPolG i. V. m. § 1 Abs. 1 BPolZV.

2.2 Örtliche Zuständigkeit

Die örtliche Zuständigkeit ergibt sich aus § 58 Abs. 1 BPolG i. V. m. § 2 Abs. 1 Nr. 2 BPolZV.

3 Eingriff
3.1 Befugnisnorm

Zunächst müsste ein Straftatverdacht vorliegen.

Das heißt, es liegen tatsächliche Anhaltspunkte dafür vor, dass eine verfolgbare Straftat begangen wurde.

Ein sog. Anfangsverdacht gem. § 152 Abs. 2 StPO der Straftat Körperverletzung gem. § 223 StGB liegt vor. Dieser richtet sich hier gegen die F.

Somit besteht ein Straftatverdacht.

Der Betroffene müsste tatunverdächtige Person sein.

Unter diesen Begriff fallen alle Personen, die nicht zu den Verdächtigen i. S. d. § 163b Abs. 1 StPO gehören.

Der Reisende R hat F beobachtet, wie F den wartenden H bewusstlos geprügelt hat, und der BPOL den Hinweis gegeben. Tatverdächtig ist F und nicht R.

Der Reisende R ist also tatunverdächtige Person.

Die IDF müsste zur Aufklärung einer Straftat geboten sein.

Die Identitätsfeststellung ist zur Aufklärung einer Straftat geboten, wenn konkrete Anhaltspunkte vorliegen, dass die unverdächtige Person als Zeuge oder Augenscheinsobjekt für das Strafverfahren benötigt wird.

Der Reisende R kann als Zeuge Aussagen zum Tathergang und Täter machen und ist für das beweissichere Strafverfahren von Bedeutung. Er wird also zur Überführung des Täters im Strafverfahren benötigt.

Somit ist die IDF des Reisenden R zur Aufklärung der Straftat geboten.

Weiterhin müsste die IDF zur Bedeutung der Sache nicht außer Verhältnis stehen.

Das bedeutet, dass beim Festhalten des Unverdächtigen der Grundsatz der Verhältnismäßigkeit besonders zu berücksichtigen ist.

Maßnahmen zum Zwecke der IDF, die über das Anhalten, Befragen und Auffordern, Ausweisdokumente auszuhändigen, hinausgehen, dürfen nur gegenüber R getroffen werden, wenn beim Festhalten die Zweck-Mittel-Relation gewahrt wird. F hat H bewusstlos geprügelt. R hat die Straftat beobachtet und ist somit ein wichtiger Zeuge und Augenscheinsobjekt im Strafverfahren. Ausweisdokumente führt R nicht bei sich. Ohne die zweifelsfreie Feststellung seiner Identität steht er für weitere Zeugenvernehmungen und Aussagen im Strafverfahren sowie Zeugenladungen vor Gericht nicht zur Verfügung. Aufgrund der Schwere der Tat und dem damit verbundenen zu erwartenden Strafmaß für F ist die Feststellung der Identität des R erforderlich.

Die IDF des R steht zur Bedeutung der Sache nicht außer Verhältnis.

Die Voraussetzungen für ein Festhalten des R zur Feststellung der Identität gem. § 163b Abs. 2 Satz 2 StPO liegen insgesamt vor.

3.2 Adressat

Die Maßnahme müsste sich gegen den richtigen Adressaten richten. Dieser ergibt sich aus der Befugnis selbst, hier aus § 163b Abs. 2 StPO. R ist demnach Straftatunverdächtiger, zugleich Zeuge und somit der richtige Adressat der Maßnahme.

3.3 Allgemeine Rechtmäßigkeitsvoraussetzungen/Verhältnismäßigkeit

Die Maßnahme der IDF müsste verhältnismäßig, *also geeignet, erforderlich und angemessen sein.*

Die Maßnahme müsste geeignet sein.

Geeignet ist die Maßnahme, wenn sie objektiv zwecktauglich ist, das polizeiliche Ziel zu erreichen.

Polizeiliches Ziel ist es, die Personalien des Zeugen R festzustellen, um eine spätere Erreichbarkeit des R zu ermöglichen, um ihn als Zeugen in dem Verfahren vorladen und vernehmen zu können.

Da durch die Identitätsfeststellung die entsprechenden Personalien des R zu erfahren sind, ist die Maßnahme objektiv zwecktauglich, um dieses Ziel zu erreichen.

Somit ist die Maßnahme geeignet.

Die Maßnahme müsste auch erforderlich sein.

Erforderlich ist eine Maßnahme, wenn sie von mehreren möglichen und geeigneten Maßnahmen diejenige ist, die den Einzelnen und die Allgemeinheit voraussichtlich am wenigsten beeinträchtigt.

Eine mildere Maßnahme als das Festhalten zur Feststellung der Identität gem. § 163b Abs. 2 Satz 2 StPO wäre die Feststellung der Identität vor Ort mit einfachen Mitteln, wie das Anhalten, das Befragen und das Aushändigen lassen von Ausweispapieren gem. § 163b Abs. 2 Satz 1, 1. Halbsatz StPO. Das ist jedoch nicht möglich, da R keine Ausweisdokumente bei sich führt. Somit ist ein Festhalten des R zur Feststellung der Identität die einzig mögliche Maßnahme, um gesichert die Identität des R für das Strafverfahren festzustellen.

Die Maßnahme ist somit auch erforderlich.

Die Maßnahme müsste auch angemessen sein.

Angemessen ist eine Maßnahme, wenn sie zu dem angestrebten Erfolg nicht erkennbar außer Verhältnis steht. Eine Rechtsgüterabwägung hat zu erfolgen.

Eingegriffen wird in das Recht auf freie Entfaltung der Persönlichkeit gem. Art. 2 Abs. 1 GG, in das Recht auf informationelle Selbstbestimmung gem. Art. 2 Abs. 1 i. V. m. Art. 1 Abs. 1 GG und in das Recht auf Freiheit der Person, hier als Freiheitsentziehung durch das Festhalten zur IDF gem. Art. 2 Abs. 2 Satz 2 i. V. m. Art. 104 Abs. 2 GG des R.

Dem gegenüber stehen der Strafverfolgungsanspruch des Staates und die objektive Rechtsordnung.

Ein Eingriff in das Grundrecht auf Freiheit der Person gehört zu den schwerwiegendsten Grundrechtseingriffen. Der Grundrechtseingriff in die Rechte des R ist aber nur von kurzer Dauer, hier bis zur Feststellung der Identität (max. 12 Std. gem. § 163c Abs. 2 StPO) bzw. hier bis seine Ehefrau seinen Personalausweis vorbeibringt. Der Eingriff in die Rechte des R bringt keine bleibenden Schäden für R mit sich. Aufgrund der Schwere der Tat und dem damit verbundenen zu erwartenden Strafmaß für F ist die Feststellung der Identität des R erforderlich. Der Nachteil, den R erleidet, steht somit insgesamt nicht außer Verhältnis zum angestrebten Zweck der Maßnahme.

Damit ist die Maßnahme auch angemessen.

Die Maßnahme ist insgesamt verhältnismäßig.

3.4 Besondere gesetzliche Pflichten/Formvorschriften

- Entlassung der Person, sobald die Identität festgestellt ist, gem. § 163c StPO,
- Dauer der Maßnahme max. 12 Std. gem. § 163c Abs. 2 StPO,
- Bezeichnung des Gegenstandes der Untersuchung und der Person des Beschuldigten gem. § 69 Abs. 1 StPO,
- Vernichtung der im Zusammenhang mit der Feststellung angefallenen Unterlagen, sobald die Identität feststeht, gem. § 163c Abs. 3 StPO.

3.5 Feststellung der Rechtmäßigkeit

Das Festhalten des R zur Feststellung der Identität beim Straftatunverdächtigen gem. § 163b Abs. 2 Satz 2 StPO ist demnach insgesamt rechtmäßig.

2.11 Fälle zur Festnahme von Störern

Fall 29: Festnahme von Störern – § 164 StPO

Sachverhalt

Sie sind im Rahmen Ihres bahnpolizeilichen Praktikums in der BPOLI Hamburg eingesetzt.

Ein Fahrausweisautomat in der Wandelhalle wurde mittels Gas aufgesprengt. Zusammen mit PHM Beier haben Sie den Auftrag, Maßnahmen des Ersten Angriffes am Tatort, bis zum Eintreffen des Ermittlungsdienstes, vorzunehmen und erste Spuren im Rahmen der Notsicherung zu sichern.

Während Ihrer Tätigkeit kommt plötzlich ein Schaulustiger (P) hinzu, der mehrfach durch den Tatort läuft und interessiert die Spurenlage betrachtet, ohne Rücksicht auf eventuelle Beschädigungen der Spurenlage zu nehmen.

Weniger einschneidende repressive Maßnahmen wie Zurechtweisung, Fortweisung, Belehrung und Androhung der Maßnahme gegenüber P führen nicht zum Erfolg. P setzt immer wieder entschlossen dazu an, seine Neugierde zu befriedigen.

Aufgabe

Prüfen Sie die Rechtmäßigkeit der nun zu treffenden Maßnahme gegenüber P (Ziffer 1.1 bis 3.5 des Prüfschemas)!

Lösungsvorschlag

1 Entscheidung

1.1 Entscheidung zu präventivem oder repressivem Handeln

Die Entscheidung zu präventivem oder repressivem Handeln ist zu treffen. Ein Fahrausweisautomat wurde mittels Gas aufgesprengt. Der Schaulustige P läuft mehrfach durch den Tatort, ohne Rücksicht auf die Spurenlage. Ein Schaden ist bereits eingetreten. Ein Straftatverdacht gem. § 243 StGB ist gegeben. Ein Täter ist nicht mehr vor Ort. Somit ist eine Schadensvertiefung nicht mehr möglich. Betroffene Rechtsgüter sind der Strafverfolgungsanspruch des Staates und das Eigentum der DB AG.

Es handelt sich um eine abgeschlossene Rechtsgutverletzung. Daher ist repressives Handeln erforderlich.

1.2 Benennung der zu treffenden Maßnahme

Bei der nun zu treffenden Maßnahme könnte es sich um eine Festnahme bei Störung einer Amtshandlung des P gem. § 164 StPO handeln.

2 Zuständigkeit

2.1 Sachliche Zuständigkeit

Die sachliche Zuständigkeit ergibt sich aus § 1 Abs. 2, § 12 Abs. 1 Nr. 5 BPolG i. V. m. § 163 Abs. 1 StPO i. V. m. § 58 Abs. 1 BPolG i. V. m. § 1 Abs. 1 BPolZV.

2.2 Örtliche Zuständigkeit

Die örtliche Zuständigkeit ergibt sich aus § 58 Abs. 1 BPolG i. V. m. § 2 Abs. 1 Nr. 2 BPolZV.

3 Eingriff

3.1 Befugnisnorm

Es müssten die gesetzlichen Voraussetzungen für eine Festnahme bei Störung einer Amtshandlung gem. § 164 StPO vorliegen.

Dazu müsste es sich um eine Amtshandlung an Ort und Stelle handeln.

Darunter ist die Durchführung aller repressiven polizeilichen Eingriffsmaßnahmen zu verstehen.

Die eingesetzten Bundespolizisten treffen Maßnahmen des Ersten Angriffes am Tatort. Es handelt sich bei der Tatortsicherung um eine strafprozessuale Maßnahme gem. § 163 Abs. 1 StPO, wonach alle Maßnahmen zu treffen sind, um die Verdunkelung der Strafsache zu verhüten.

Es handelt sich um eine Amtshandlung an Ort und Stelle.

Die Amtshandlung an Ort und Stelle müsste durch Störung oder Widersetzlichkeit beeinträchtigt werden.

Hier kommt eine Störung der Amtshandlung in Betracht.

Eine Störung liegt vor, wenn die Durchführung der Maßnahme ernstlich behindert oder erschwert wird.

Während der Spurensicherung am Tatort läuft ein Schaulustiger mehrfach durch den Tatort, ohne Rücksicht auf die Spurenlage. Ausgesprochene mildere Maßnahmen führen nicht zum Erfolg. P setzt immer wieder entschlossen dazu an, seine Neugierde zu befriedigen. Die Maßnahme des Ersten Angriffes wird dadurch erheblich erschwert.

Die Amtshandlung an Ort und Stelle wird somit durch eine Störung beeinträchtigt.

Insgesamt sind die Voraussetzungen für eine Festnahme bei Störung einer Amtshandlung gem. § 164 StPO gegeben.

3.2 Adressat

Die Maßnahme müsste sich gegen den richtigen Adressaten richten. Der Adressat ergibt sich aus der Befugnis selbst. Hier ist es P als die Person, die die Amtshandlung an Ort und Stelle stört. P ist somit richtiger Adressat der Maßnahme.

3.3 Allgemeine Rechtmäßigkeitsvoraussetzungen/Verhältnismäßigkeit

Die Festnahme bei Störung einer Amtshandlung müsste verhältnismäßig sein.

Das ist sie, wenn sie geeignet, erforderlich und angemessen ist.

Dazu müsste die Maßnahme zunächst geeignet sein.

Die Maßnahme ist geeignet, wenn sie objektiv zwecktauglich ist, das polizeiliche Ziel zu erreichen.

Polizeiliches Ziel ist es, eine qualifizierte Strafverfolgung, insbesondere eine Spurensicherung am Tatort, zu gewährleisten und den Strafverfolgungsanspruch des Staates durchzusetzen. Die Festnahme des P bei Störung einer Amtshandlung ist objektiv zwecktauglich, das polizeiliche Ziel zu erreichen, da er so keine Tatortspuren mehr beschädigen kann.

Die Maßnahme ist somit geeignet.

Die Maßnahme müsste auch erforderlich sein.

Erforderlich ist eine Maßnahme, wenn sie von mehreren möglichen und geeigneten Maßnahmen diejenige ist, die den Einzelnen und die Allgemeinheit voraussichtlich am wenigsten beeinträchtigt.

Mildere repressive Maßnahmen wie Zurechtweisung, Fortweisung, Belehrung und Androhung der Maßnahme führten nicht zum Erfolg. Die Festnahme bei Störung einer Amtshandlung ist die einzig mögliche Maßnahme, um das polizeiliche Ziel zur erreichen.

Somit ist die Maßnahme auch erforderlich.

Die Maßnahme müsste auch angemessen sein.

Angemessen ist eine Maßnahme, wenn sie zu dem angestrebten Erfolg nicht erkennbar außer Verhältnis steht. Eine Rechtsgüterabwägung hat zu erfolgen.

Durch die Maßnahme wird in das Grundrecht auf Freiheit der Person gem. Art. 2 Abs. 2 Satz 2 i. V. m. Art. 104 Abs. 2 GG des P eingegriffen. Geschützte Rechtsgüter sind hier die objektive Rechtsordnung sowie der Strafverfolgungsanspruch des Staates.

Ein Eingriff in das Grundrecht auf Freiheit der Person gehört zu den schwerwiegendsten Grundrechtseingriffen. Der Grundrechtseingriff in die Rechte des P ist aber zunächst nur von kurzer Dauer, hier bis zur Beendigung der strafprozessualen Maßnahmen am Tatort. Sollte die Freiheitsentziehung darüber hinaus längere Zeit in Anspruch nehmen, entscheidet der Richter im Rahmen der Anhörung über Zulässigkeit und Fortdauer der Freiheitsentziehung. Der Eingriff in die Rechte des P verursacht keinen bleibenden Schaden für den Betroffenen. Zudem hat sich der P durch sein Verhalten selbst in die Lage gebracht. Der Nachteil, den P erleidet, steht somit insgesamt nicht außer Verhältnis zum angestrebten Zweck der Maßnahme.

Damit ist die Maßnahme auch angemessen.

Die Maßnahme ist insgesamt verhältnismäßig.

3.4 Besondere gesetzliche Pflichten/Formvorschriften

Die Anordnung der Maßnahme unterliegt keiner förmlichen Beschränkung. Sie darf durch jeden Polizeibeamten angeordnet werden, der den Einsatz vor Ort leitet.

Die Festnahme darf nur so lange dauern, bis die Amtshandlung abgeschlossen worden ist, längstens jedoch bis zum Ablauf des darauffolgenden Tages (vgl. Art. 104 Abs. 2 GG) unter Beachtung des Richtervorbehaltes.

3.5 Feststellung der Rechtmäßigkeit der Maßnahme

Insgesamt ist die Festnahme bei Störung einer Amtshandlung des P gem. § 164 StPO rechtmäßig.

Fall 30: Festnahme von Störern – § 164 StPO

Sachverhalt

Sie sind im Rahmen Ihres bahnpolizeilichen Praktikums in der BPOLI Hamburg eingesetzt.

Zusammen mit PHM Beier haben Sie den Auftrag, am heutigen Tag den Ermittlungsdienst bei der Durchsuchung der Wohnung des Beschuldigten (B) [Straftat Sachbeschädigung – Graffiti – gem. § 303 StGB im Aufgabenbereich Bahnpolizei] zu unterstützen.

Sie wollen soeben die Wohnung betreten und mit der Durchsuchung beginnen, als der Nachbar (N) Ihnen mehrfach den Zugang zur Wohnung versperrt.

Es stellt sich heraus, dass N mit dem B befreundet ist und die Beweislast gegen B minimieren möchte. Weniger einschneidende repressive Maßnahmen wie Zurechtweisung, Fortweisung, Belehrung und Androhung der Maßnahme führen nicht zum Erfolg. N zeigt sich uneinsichtig und versperrt Ihnen weiterhin den Zugang zur Wohnung des B.

Aufgabe

Prüfen Sie die Rechtmäßigkeit der nun zu treffenden Maßnahme gegenüber N (Ziffer 1.1 bis 3.5 des Prüfschemas)!

Lösungsvorschlag

1 Entscheidung

1.1 Entscheidung zu präventivem oder repressivem Handeln

Die Entscheidung zu präventivem oder repressivem Handeln ist zu treffen. Die Wohnung eines Beschuldigten soll zum Auffinden von Beweismitteln anlässlich einer Straftat durchsucht werden. Der Nachbar N versperrt den Zugang zur Wohnung. Ein Schaden ist bereits eingetreten. Ein Straftatverdacht gem. § 303 StGB ist gegeben. Der Täter ist bereits gestellt und polizeilich bekannt. Somit ist eine Schadensvertiefung nicht mehr möglich. Betroffene Rechtsgüter sind der Strafverfolgungsanspruch des Staates und das Eigentum der DB AG.

Es handelt sich um eine abgeschlossene Rechtsgutverletzung. Repressives Handeln ist erforderlich.

1.2 Benennung der zu treffenden Maßnahme

Bei der nun zu treffenden Maßnahme könnte es sich um eine Festnahme bei Störung einer Amtshandlung des N gem. § 164 StPO handeln.

2 Zuständigkeit

2.1 Sachliche Zuständigkeit

Die sachliche Zuständigkeit ergibt sich aus § 1 Abs. 2, § 12 Abs. 1 Nr. 5 BPolG i. V. m. § 163 Abs. 1 StPO i. V. m. § 58 Abs. 1 BPolG i. V. m. § 1 Abs. 1 BPolZV.

2.2 Örtliche Zuständigkeit

Die örtliche Zuständigkeit ergibt sich aus § 58 Abs. 1 BPolG i. V. m. § 2 Abs. 1 Nr. 2 BPolZV.

3 Eingriff

3.1 Befugnisnorm

Es müssten die gesetzlichen Voraussetzungen für eine Festnahme bei Störung einer Amtshandlung gem. § 164 StPO vorliegen.

Dazu müsste es sich um eine Amtshandlung an Ort und Stelle handeln.

Darunter ist die Durchführung aller repressiven polizeilichen Eingriffsmaßnahmen zu verstehen.

Die eingesetzten Bundespolizisten wollen die Wohnung des Beschuldigten B durchsuchen. Dies stellt eine strafprozessuale Maßnahme gem. §§ 102, 105 StPO dar.

Es handelt sich um eine Amtshandlung an Ort und Stelle.

Die Amtshandlung an Ort und Stelle müsste durch Störung oder Widersetzlichkeit beeinträchtigt werden.

Hier kommt eine Widersetzlichkeit der Amtshandlung in Betracht.

Eine Widersetzlichkeit ist ein hartnäckiges Nichtbefolgen einer Anordnung.

Als die Wohnung zur Durchsuchung betreten werden soll, versperrt der Nachbar (N) mehrfach den Zugang zur Wohnung. Weniger einschneidende repressive Maßnahmen wie Zurechtweisung, Fortweisung, Belehrung und Androhung der Maßnahme führen nicht zum Erfolg. N versperrt weiterhin den Zugang zur Wohnung des B. Es handelt sich um ein hartnäckiges Nichtbefolgen polizeilicher Anordnungen.

Die Amtshandlung an Ort und Stelle wird somit durch eine Widersetzlichkeit beeinträchtigt.

Insgesamt sind die Voraussetzungen für eine Festnahme bei Störung einer Amtshandlung gem. § 164 StPO gegeben.

3.2 Adressat

Die Maßnahme müsste sich gegen den richtigen Adressaten richten. Der Adressat ergibt sich aus der Befugnis selbst, hier ist es der N als die Person, die sich der Amtshandlung an Ort und Stelle widersetzt. N ist somit richtiger Adressat der Maßnahme.

3.3 Allgemeine Rechtmäßigkeitsvoraussetzungen/Verhältnismäßigkeit

Die Festnahme bei Störung einer Amtshandlung müsste verhältnismäßig sein.

Das ist sie, wenn sie geeignet, erforderlich und angemessen ist.

Dazu müsste die Maßnahme zunächst geeignet sein.

Die Maßnahme ist geeignet, wenn sie objektiv zwecktauglich ist, das polizeiliche Ziel zu erreichen.

Polizeiliches Ziel ist es, eine qualifizierte Strafverfolgung, insbesondere durch eine Wohnungsdurchsuchung, zu gewährleisten, um den Strafverfolgungsanspruch des Staates durchzusetzen. Die Festnahme bei Störung einer Amtshandlung des N ist objektiv zwecktauglich, das polizeiliche Ziel zu erreichen, da N so die Maßnahme nicht mehr stören kann.

Die Maßnahme ist somit geeignet.

Die Maßnahme müsste auch erforderlich sein.

Erforderlich ist eine Maßnahme, wenn sie von mehreren möglichen und geeigneten Maßnahmen diejenige ist, die den Einzelnen und die Allgemeinheit voraussichtlich am wenigsten beeinträchtigt.

Weniger einschneidende repressive Maßnahmen wie Zurechtweisung, Fortweisung, Belehrung und Androhung der Maßnahme führten nicht zum Erfolg. Die Festnahme bei Störung einer Amtshandlung ist die einzig mögliche Maßnahme, um das polizeiliche Ziel zur erreichen.

Somit ist die Maßnahme auch erforderlich.

Die Maßnahme müsste auch angemessen sein.

Angemessen ist eine Maßnahme, wenn sie zu dem angestrebten Erfolg nicht erkennbar außer Verhältnis steht. Eine Rechtsgüterabwägung hat zu erfolgen.

Durch die Maßnahme wird in das Grundrecht auf Freiheit der Person gem. Art. 2 Abs. 2 Satz 2 i. V. m. Art. 104 Abs. 2 GG des N eingegriffen. Geschützte Rechtsgüter sind hier die objektive Rechtsordnung sowie der Strafverfolgungsanspruch des Staates.

Ein Eingriff in das Grundrecht auf Freiheit der Person gehört zu den schwerwiegendsten Grundrechtseingriffen. Der Grundrechtseingriff in die Rechte des N ist aber zunächst nur von kurzer Dauer, hier bis zur Beendigung der Wohnungsdurchsuchung. Sollte die Freiheitsentziehung darüber hinaus längere Zeit in Anspruch nehmen, entscheidet der Richter im Rahmen der Anhörung über Zulässigkeit und Fortdauer der Freiheitsentziehung. Der Eingriff in die Rechte des N verursacht keine bleibenden Schäden beim Betroffenen. Zudem hat sich der N durch sein Verhalten selbst in die Lage gebracht. Der Nachteil, den N erleidet, steht somit insgesamt nicht außer Verhältnis zum angestrebten Zweck der Maßnahme.

Damit ist die Maßnahme auch angemessen.

Die Maßnahme ist insgesamt verhältnismäßig.

3.4 Besondere gesetzliche Pflichten/Formvorschriften

Die Anordnung der Maßnahme unterliegt keiner förmlichen Beschränkung. Sie darf durch jeden Polizeibeamten angeordnet werden, der den Einsatz vor Ort leitet.

Die Festnahme darf nur so lange dauern, bis die Amtshandlung abgeschlossen worden ist, längstens jedoch bis zum Ablauf des darauffolgenden Tages (vgl. Art. 104 Abs. 2 GG) unter Beachtung des Richtervorbehaltes.

3.5 Feststellung der Rechtmäßigkeit der Maßnahme

Insgesamt ist die Festnahme bei Störung einer Amtshandlung des N gem. § 164 StPO rechtmäßig.

Kapitel 3
Anhang

3.1 Gesetz über die Bundespolizei (Bundespolizeigesetz – BPolG)

– Auszug –

§ 1 Allgemeines

(1) [1]Die Bundespolizei wird in bundeseigener Verwaltung geführt. [2]Sie ist eine Polizei des Bundes im Geschäftsbereich des Bundesministeriums des Innern, für Bau und Heimat.

(2) Der Bundespolizei obliegen die Aufgaben, die ihr entweder durch dieses Gesetz übertragen werden oder ihr bis zum 1. November 1994 durch ein anderes Bundesgesetz oder aufgrund eines Bundesgesetzes zugewiesen worden sind.

(3) [1]Die Bundespolizei sichert ihre Behörden, Verbände, Einheiten und sonstigen Einrichtungen gegen Gefahren, die die Durchführung ihrer Aufgaben beeinträchtigen, in eigener Zuständigkeit. [2]Die Sicherung beschränkt sich auf die in Satz 1 bezeichneten Einrichtungen sowie auf die Grundstücke, auf denen diese Einrichtungen untergebracht sind.

(4) Der Schutz privater Rechte obliegt der Bundespolizei im Rahmen ihrer Aufgaben nur dann, wenn gerichtlicher Schutz nicht rechtzeitig zu erlangen ist und ohne Hilfe der Bundespolizei die Verwirklichung des Rechts vereitelt oder wesentlich erschwert würde.

(5) Die der Bundespolizei obliegenden Aufgaben der Gefahrenabwehr umfassen auch die Verhütung von Straftaten nach Maßgabe dieses Gesetzes.

(6) [1]Werden bei der Erfüllung von Aufgaben der Bundespolizei Zuständigkeiten anderer Behörden des Bundes oder der Länder berührt, handeln die Bundespolizeibehörden im Benehmen mit den zuständigen Behörden. [2]Ist dies nicht möglich, weil Gefahr im Verzug ist, sind die zuständigen Behörden über die getroffenen Maßnahmen unverzüglich zu unterrichten.

(7) Die Zuständigkeit der Polizei des Landes bleibt auch in den in Absatz 3 sowie in den in den §§ 2 bis 5 bezeichneten räumlichen Zuständigkeitsbereichen der Bundespolizei unberührt.

§ 3 Bahnpolizei

(1) Die Bundespolizei hat die Aufgabe, auf dem Gebiet der Bahnanlagen der Eisenbahnen des Bundes Gefahren für die öffentliche Sicherheit oder Ordnung abzuwehren, die

1. den Benutzern, den Anlagen oder dem Betrieb der Bahn drohen oder
2. beim Betrieb der Bahn entstehen oder von den Bahnanlagen ausgehen.

(2) [1]Die durch die Erfüllung der Aufgaben nach Absatz 1 begünstigten Verkehrsunternehmen sind verpflichtet, der Bundespolizei für die erlangten Vorteile einen angemessenen Ausgleich zu leisten. [2]Das Bundesministerium des Innern, für Bau und Heimat wird ermächtigt, durch Rechtsverordnung im Einvernehmen mit dem Bundesministerium für Verkehr und digitale Infrastruktur für den zu leistenden Ausgleich einen Prozentsatz festzusetzen, der 50 Prozent des Gesamtaufwandes der Bundespolizei für die Erfüllung der Aufgaben nach Absatz 1 nicht überschreiten darf. [3]Dabei sind insbesondere die erlangten Vorteile und die wirtschaftliche Leistungsfähigkeit des Verkehrsunternehmens zu berücksichtigen. [4]Sind mehrere Verkehrsunternehmen begünstigt, ist für jedes Unternehmen nach Maßgabe des Satzes 3 gesondert ein Prozentsatz festzusetzen, die Summe dieser Prozentsätze darf 50 Prozent des Gesamtaufwandes nicht überschreiten. [5]Die Ausgleichsbeträge werden durch die in der Rechtsverordnung nach § 58 Abs. 1 bestimmte Bundespolizeibehörde erhoben.

§ 12 Verfolgung von Straftaten

(1) [1]Die Bundespolizei nimmt die polizeilichen Aufgaben auf dem Gebiet der Strafverfolgung (§§ 161, 163 der Strafprozessordnung) wahr, soweit der Verdacht eines Vergehens (§ 12 Abs. 2 des Strafgesetzbuches) besteht, das

1. gegen die Sicherheit der Grenze oder die Durchführung ihrer Aufgaben nach § 2 gerichtet ist,
2. nach den Vorschriften des Passgesetzes, des Aufenthaltsgesetzes oder des Asylgesetzes zu verfolgen ist, soweit es durch den Grenzübertritt oder in unmittelbarem Zusammenhang mit diesem begangen wurde,
3. einen Grenzübertritt mittels Täuschung, Drohung, Gewalt oder auf sonst rechtswidrige Weise ermöglichen soll, soweit es bei der Kontrolle des grenzüberschreitenden Verkehrs festgestellt wird,
4. das Verbringen einer Sache über die Grenze ohne behördliche Erlaubnis als gesetzliches Tatbestandsmerkmal der Strafvorschrift verwirklicht, so-

fern der Bundespolizei durch oder aufgrund eines Gesetzes die Aufgabe der Überwachung des Verbringungsverbotes zugewiesen ist,

5. auf dem Gebiet der Bahnanlagen der Eisenbahnen des Bundes begangen wurde und gegen die Sicherheit eines Benutzers, der Anlagen oder des Betriebes der Bahn gerichtet ist oder das Vermögen der Bahn oder ihr anvertrautes Vermögen betrifft,
6. dem deutschen Strafrecht unterliegt und Strafverfolgungsmaßnahmen auf See außerhalb des deutschen Küstenmeers im Rahmen des § 6 erforderlich macht,

darüber hinaus, soweit der Verdacht eines Verbrechens nach Nummer 2 oder nach § 315 Abs. 3 Nr. 1 des Strafgesetzbuches besteht sowie in Fällen der Nummer 6. [2]Das Bundesministerium des Innern, für Bau und Heimat bestimmt das Nähere über die unter Satz 1 fallenden Straftaten durch Rechtsverordnung im Einvernehmen mit dem Bundesministerium der Justiz und für Verbraucherschutz und mit Zustimmung des Bundesrates. [3]Soweit Satz 1 Nr. 4 betroffen ist, ist auch das Einvernehmen mit dem Bundesministerium der Finanzen herzustellen.

(2) [1]Die Bundespolizei ist vorbehaltlich besonderer gesetzlicher Zuständigkeitsregelungen für die polizeilichen Aufgaben auf dem Gebiet der Strafverfolgung in den Fällen des Absatzes 1 örtlich zuständig, wenn die Straftat in ihrem räumlichen Zuständigkeitsbereich (§ 1 Abs. 7) begangen wurde. [2]Im Übrigen bleibt die Zuständigkeit anderer Polizeibehörden für die Strafverfolgung auch in den Fällen des Absatzes 1 unberührt. [3]Die Staatsanwaltschaft kann im Benehmen mit der Bundespolizei die Ermittlungen einer anderen sonst zuständigen Polizeibehörde übertragen.

(3) [1]Bei Straftaten, die nicht dem Absatz 1 unterfallen, ist die Sache unverzüglich an die zuständige Strafverfolgungsbehörde abzugeben. [2]Die Verpflichtung der Bundespolizei nach § 163 Abs. 1 der Strafprozessordnung, alle keinen Aufschub gestattenden Anordnungen zu treffen, um die Verdunkelung der Sache zu verhüten, bleibt unberührt. [3]Die Sätze 1 und 2 gelten für Straftaten im Sinne des Absatzes 1 entsprechend, wenn diese im Zusammenhang mit weiteren Straftaten stehen und das Schwergewicht der Straftaten insgesamt außerhalb der Zuständigkeit der Bundespolizei liegt oder wenn bei Straftaten außerhalb des Küstenmeers nach Absatz 1 Satz 1 Nr. 6 oder Absatz 1 Satz 1 letzter Halbsatz Ermittlungshandlungen im deutschen Hoheitsgebiet erforderlich sind. [4]Die Staatsanwaltschaft kann in Zweifelsfällen die zuständige Polizeibehörde bestimmen.

(4) Sind Ermittlungshandlungen außerhalb der in § 1 Abs. 7 bezeichneten Bereiche erforderlich, trifft die Bundespolizei ihre Maßnahmen im Benehmen mit der Polizei des Landes.

(5) [1]Die Beamten im Polizeivollzugsdienst der Bundespolizei, die mindestens vier Jahre dem Polizeivollzugsdienst angehören, sind Ermittlungspersonen der Staatsanwaltschaft (§ 152 des Gerichtsverfassungsgesetzes) und haben die Rechte und Pflichten der Polizeibeamten nach der Strafprozessordnung. [2]In den Fällen des Absatzes 1 Satz 1 Nr. 6 und des Absatzes 1 Satz 1 letzter Halbsatz gelten auf See außerhalb des deutschen Küstenmeers bei der Verfolgung von Straftaten zur Erfüllung völkerrechtlicher Verpflichtungen oder zur Wahrnehmung völkerrechtlicher Befugnisse die Vorschriften der Strafprozessordnung entsprechend.

§ 58 Sachliche und örtliche Zuständigkeit

(1) Das Bundesministerium des Innern, für Bau und Heimat regelt durch Rechtsverordnung die sachliche und örtliche Zuständigkeit der einzelnen Bundespolizeibehörden.

(2) [1]Beamte der Bundespolizei können Amtshandlungen im gesamten Zuständigkeitsbereich der Bundespolizei vornehmen. [2]Sie sollen in der Regel im Zuständigkeitsbereich ihrer Behörde tätig werden.

(3) Beamte der Bundespolizei können die Verfolgung eines Flüchtigen auch über die in § 1 Abs. 7 und § 6 bezeichneten räumlichen Zuständigkeitsbereiche der Bundespolizei hinaus fortsetzen und den Flüchtigen ergreifen.

3.2 Verordnung über die Zuständigkeit der Bundespolizeibehörden (BPolZV)

– Auszug –

§ 1 Sachliche Zuständigkeiten

(1) Das Bundespolizeipräsidium als Oberbehörde und die Bundespolizeidirektionen sowie die Bundespolizeiakademie als Unterbehörden sind sachlich zuständig für die Wahrnehmung der der Bundespolizei obliegenden Aufgaben nach § 1 Abs. 2 des Bundespolizeigesetzes.

(2) [1]Das Bundespolizeipräsidium steuert und koordiniert die bundesweite Aufgabenwahrnehmung der Bundespolizei und übt die Dienst- und Fachaufsicht über die ihm nachgeordneten Bundespolizeibehörden aus. [2]Das Bundespolizeipräsidium kann Einsätze und Ermittlungen auch selbst führen oder Bundespolizeidirektionen mit der Führung von Einsätzen beauftragen.

(3) Für die Wahrnehmung folgender Aufgaben und Verwendungen sind sachlich zuständig:

1. das Bundespolizeipräsidium für zentral wahrzunehmende Aufgaben nach
   a) § 3 Abs. 2 Satz 5, § 28 Absatz 2 Nummer 3 und 4, § 31a Abs. 1 Satz 1 und § 69a Abs. 3 Satz 1 des Bundespolizeigesetzes,
   b) § 63 Abs. 2 bis 4 in Verbindung mit § 71 Abs. 3 des Aufenthaltsgesetzes sowie nach § 3 Abs. 2 und § 74a Satz 2 des Aufenthaltsgesetzes,
   c) § 12d Abs. 3 des Atomgesetzes,
   d) § 1 Abs. 1 des Antiterrordateigesetzes,
   e) § 12 Abs. 1 Nr. 3 des Sicherheitsüberprüfungsgesetzes,
   f) § 6 Abs. 1 Nr. 2 und § 32 Abs. 1 Nr. 1 des Ausländerzentralregistergesetzes sowie nach der Anlage der AZRG-Durchführungsverordnung, soweit dort jeweils auf die in dieser Rechtsverordnung bestimmte Bundespolizeibehörde verwiesen wird,
   g) § 1 Absatz 1 des Rechtsextremismus-Datei-Gesetzes;

1a. das Bundespolizeipräsidium für die Ahndung von Ordnungswidrigkeiten nach
   a) § 13 Abs. 2 des Bundespolizeigesetzes,
   b) § 26 Nr. 2 des Passgesetzes,
   c) § 10 Abs. 5 des Freizügigkeitsgesetzes/EU,

d) § 64b Abs. 3 der Eisenbahn-Bau- und Betriebsordnung,

e) § 49 Abs. 3 der Eisenbahn-Bau- und Betriebsordnung für Schmalspurbahnen,

f) § 78 der Aufenthaltsverordnung,

g) § 18 Absatz 1 Nummer 9 des Luftsicherheitsgesetzes;

2. die Bundespolizeidirektion 11 für die Aufgaben nach § 4a und Verwendungen nach § 8 Absatz 2 und § 9 Absatz 1 Nummer 2 des Bundespolizeigesetzes;
3. die Bundespolizeidirektion Bad Bramstedt für die Aufgaben nach § 6 des Bundespolizeigesetzes;
4. die jeweils örtlich zuständige Bundespolizeidirektion für die Aufgaben nach
   a) § 61 Abs. 2 des Bundespolizeigesetzes,
   b) § 61 Abs. 3 des Bundespolizeigesetzes;
   c) § 1 Absatz 1 des Rechtsextremismus-Datei-Gesetzes;
5. die jeweils örtlich zuständige Bundespolizeidirektion für die Verfolgung von Ordnungswidrigkeiten nach
   a) § 13 Abs. 2 des Bundespolizeigesetzes,
   b) § 26 Nr. 2 des Passgesetzes,
   c) § 10 Abs. 5 des Freizügigkeitsgesetzes/EU,
   d) § 64b Abs. 3 der Eisenbahn-Bau- und Betriebsordnung,
   e) § 49 Abs. 3 der Eisenbahn-Bau- und Betriebsordnung für Schmalspurbahnen,
   f) § 78 der Aufenthaltsverordnung,
   g) § 18 Absatz 1 Nummer 9 des Luftsicherheitsgesetzes.

[2]Dies schließt die Zuständigkeit für die Erteilung von Verwarnungen bei geringfügigen Ordnungswidrigkeiten ein.

(4) Zu Maßnahmen nach § 31 Abs. 7 des Bundespolizeigesetzes ist ausschließlich das Bundespolizeipräsidium befugt.

(5) Es sind befugt zur Anordnung von Maßnahmen

1. nach § 22a Absatz 1 Satz 2, § 28 Absatz 3 Satz 1 in Verbindung mit § 28 Absatz 2 Nummer 1 und 2, § 30 Absatz 4 und § 31 Absatz 3 Satz 1 des Bundespolizeigesetzes
   a) die jeweils örtlich zuständigen Bundespolizeidirektionen sowie
   b) das Bundespolizeipräsidium, soweit es Aufgaben nach § 1 Absatz 2 Satz 2 im Einzelfall selbst wahrnimmt,

2. nach § 28 Absatz 3 Satz 1 in Verbindung mit § 28 Absatz 2 Nummer 3 und 4 des Bundespolizeigesetzes das Bundespolizeipräsidium, soweit sich die Zuständigkeit zur Anordnung dieser Maßnahmen nicht unmittelbar aus § 28 Absatz 3a Satz 1 oder 2 des Bundespolizeigesetzes ergibt.

(6) Die Bundespolizeiakademie ist die zentrale Aus- und Fortbildungsstätte der Bundespolizei.

(7) Die in der Unterschrift zu Abbildung 9 der Anlage II zu § 9 der Beschussverordnung genannte Bundespolizeibehörde ist die in Sankt Augustin gelegene Beschussstelle des Bundespolizeipräsidiums.

§ 2 Örtliche Zuständigkeiten

(1) Örtlich sind die Bundespolizeidirektionen wie folgt zuständig:

1. die Bundespolizeidirektion Bad Bramstedt
   a) in den Ländern Schleswig-Holstein und Mecklenburg-Vorpommern sowie
   b) auf See innerhalb und außerhalb des deutschen Küstenmeers und darüber hinaus auf den Seeschifffahrtsstraßen auf der Ems bis zur Seeschleuse Emden und auf der Jade, auf der Weser bis Bremerhaven und auf der Elbe bis zur Einfahrt zum Nord-Ostsee-Kanal;
2. die Bundespolizeidirektion Hannover im Land Niedersachsen, im Land Bremen so wie in der Freien und Hansestadt Hamburg, soweit nicht die Bundespolizeidirektion Bad Bramstedt zuständig ist;
3. die Bundespolizeidirektion Sankt Augustin im Land Nordrhein-Westfalen;
4. die Bundespolizeidirektion Koblenz in den Ländern Rheinland-Pfalz, Saarland und Hessen, soweit nicht die Bundespolizeidirektion Flughafen Frankfurt am Main zuständig ist;
5. die Bundespolizeidirektion Stuttgart im Land Baden-Württemberg;
6. die Bundespolizeidirektion München im Freistaat Bayern;
7. die Bundespolizeidirektion Pirna in den Freistaaten Sachsen und Thüringen sowie in dem Land Sachsen-Anhalt;
8. die Bundespolizeidirektion Berlin in den Ländern Berlin und Brandenburg;
9. die Bundespolizeidirektion Flughafen Frankfurt am Main auf dem Flughafen Frankfurt am Main;

10. die Direktion Bundesbereitschaftspolizei im gesamten Bundesgebiet;
11. die Bundespolizeidirektion 11 im gesamten Bundesgebiet.

(2) Abweichend von den in Absatz 1 festgelegten Zuständigkeiten sind die Bundespolizeibehörden bundesweit zuständig

1. für die Wahrnehmung bahnpolizeilicher Aufgaben nach § 3 des Bundespolizeigesetzes, soweit dafür ein Einsatz über die in Absatz 1 festgelegten Zuständigkeitsbereiche hinaus zweckmäßig ist,
2. für die Zurückschiebung an der Grenze, Abschiebungen an der Grenze und die Rückführung von Ausländern aus und in andere Staaten nach § 71 Absatz 3 Nummer 1 bis 1b und 1d des Aufenthaltsgesetzes,
3. auf Weisung des Bundesministeriums des Innern, für Bau und Heimat oder der jeweils vorgesetzten Bundespolizeibehörde, soweit diese auch für den vorgesehenen Einsatzbereich zuständig ist,
4. für die polizeiliche Sicherung eigener Einrichtungen nach § 1 Abs. 3 des Bundespolizeigesetzes.

3.3 Strafprozessordnung (StPO)

– Auszug –

§ 81a Körperliche Untersuchung des Beschuldigten; Zulässigkeit körperlicher Eingriffe

(1) [1]Eine körperliche Untersuchung des Beschuldigten darf zur Feststellung von Tatsachen angeordnet werden, die für das Verfahren von Bedeutung sind. [2]Zu diesem Zweck sind Entnahmen von Blutproben und andere körperliche Eingriffe, die von einem Arzt nach den Regeln der ärztlichen Kunst zu Untersuchungszwecken vorgenommen werden, ohne Einwilligung des Beschuldigten zulässig, wenn kein Nachteil für seine Gesundheit zu befürchten ist.

(2) [1]Die Anordnung steht dem Richter, bei Gefährdung des Untersuchungserfolges durch Verzögerung auch der Staatsanwaltschaft und ihren Ermittlungspersonen (§ 152 des Gerichtsverfassungsgesetzes) zu. [2]Die Entnahme einer Blutprobe bedarf abweichend von Satz 1 keiner richterlichen Anordnung, wenn bestimmte Tatsachen den Verdacht begründen, dass eine Straftat nach § 315a Absatz 1 Nummer 1, Absatz 2 und 3, § 315c Absatz 1 Nummer 1 Buchstabe a, Absatz 2 und 3 oder § 316 des Strafgesetzbuchs begangen worden ist.

(3) Dem Beschuldigten entnommene Blutproben oder sonstige Körperzellen dürfen nur für Zwecke des der Entnahme zugrunde liegenden oder eines anderen anhängigen Strafverfahrens verwendet werden; sie sind unverzüglich zu vernichten, sobald sie hierfür nicht mehr erforderlich sind.

§ 81b Erkennungsdienstliche Maßnahmen bei dem Beschuldigten

Soweit es für die Zwecke der Durchführung des Strafverfahrens oder für die Zwecke des Erkennungsdienstes notwendig ist, dürfen Lichtbilder und Fingerabdrücke des Beschuldigten auch gegen seinen Willen aufgenommen und Messungen und ähnliche Maßnahmen an ihm vorgenommen werden.

§ 81c Untersuchung anderer Personen

(1) Andere Personen als Beschuldigte dürfen, wenn sie als Zeugen in Betracht kommen, ohne ihre Einwilligung nur untersucht werden, soweit zur Erforschung der Wahrheit festgestellt werden muss, ob sich an ihrem Körper eine bestimmte Spur oder Folge einer Straftat befindet.

(2) [1]Bei anderen Personen als Beschuldigten sind Untersuchungen zur Feststellung der Abstammung und die Entnahme von Blutproben ohne Einwilligung des zu Untersuchenden zulässig, wenn kein Nachteil für seine Gesundheit zu befürchten und die Maßnahme zur Erforschung der Wahrheit unerlässlich ist. [2]Die Untersuchungen und die Entnahme von Blutproben dürfen stets nur von einem Arzt vorgenommen werden.

(3) [1]Untersuchungen oder Entnahmen von Blutproben können aus den gleichen Gründen wie das Zeugnis verweigert werden. [2]Haben Minderjährige wegen mangelnder Verstandesreife oder haben Minderjährige oder Betreute wegen einer psychischen Krankheit oder einer geistigen oder seelischen Behinderung von der Bedeutung ihres Weigerungsrechts keine genügende Vorstellung, so entscheidet der gesetzliche Vertreter; § 52 Abs. 2 Satz 2 und Abs. 3 gilt entsprechend. [3]Ist der gesetzliche Vertreter von der Entscheidung ausgeschlossen (§ 52 Abs. 2 Satz 2) oder aus sonstigen Gründen an einer rechtzeitigen Entscheidung gehindert und erscheint die sofortige Untersuchung oder Entnahme von Blutproben zur Beweissicherung erforderlich, so sind diese Maßnahmen nur auf besondere Anordnung des Gerichts und, wenn dieses nicht rechtzeitig erreichbar ist, der Staatsanwaltschaft zulässig. [4]Der die Maßnahmen anordnende Beschluss ist unanfechtbar. [5]Die nach Satz 3 erhobenen Beweise dürfen im weiteren Verfahren nur mit Einwilligung des hierzu befugten gesetzlichen Vertreters verwertet werden.

(4) Maßnahmen nach den Absätzen 1 und 2 sind unzulässig, wenn sie dem Betroffenen bei Würdigung aller Umstände nicht zugemutet werden können.

(5) [1]Die Anordnung steht dem Gericht, bei Gefährdung des Untersuchungserfolges durch Verzögerung auch der Staatsanwaltschaft und ihren Ermittlungspersonen (§ 152 des Gerichtsverfassungsgesetzes) zu; Absatz 3 Satz 3 bleibt unberührt. [2]§ 81a Abs. 3 gilt entsprechend.

(6) [1]Bei Weigerung des Betroffenen gilt die Vorschrift des § 70 entsprechend. [2]Unmittelbarer Zwang darf nur auf besondere Anordnung des Richters angewandt werden. [3]Die Anordnung setzt voraus, dass der Betroffene trotz Festsetzung eines Ordnungsgeldes bei der Weigerung beharrt oder dass Gefahr im Verzuge ist.

§ 94 Sicherstellung und Beschlagnahme von Gegenständen zu Beweiszwecken

(1) Gegenstände, die als Beweismittel für die Untersuchung von Bedeutung sein können, sind in Verwahrung zu nehmen oder in anderer Weise sicherzustellen.

(2) Befinden sich die Gegenstände in dem Gewahrsam einer Person und werden sie nicht freiwillig herausgegeben, so bedarf es der Beschlagnahme.

(3) Die Absätze 1 und 2 gelten auch für Führerscheine, die der Einziehung unterliegen.

(4) Die Herausgabe beweglicher Sachen richtet sich nach den §§ 111n und 111o.

§ 95 Herausgabepflicht

(1) Wer einen Gegenstand der vorbezeichneten Art in seinem Gewahrsam hat, ist verpflichtet, ihn auf Erfordern vorzulegen und auszuliefern.

(2) [1]Im Falle der Weigerung können gegen ihn die in § 70 bestimmten Ordnungs- und Zwangsmittel festgesetzt werden. [2]Das gilt nicht bei Personen, die zur Verweigerung des Zeugnisses berechtigt sind.

§ 98 Verfahren bei der Beschlagnahme

(1) [1]Beschlagnahmen dürfen nur durch das Gericht, bei Gefahr im Verzug auch durch die Staatsanwaltschaft und ihre Ermittlungspersonen (§ 152 des Gerichtsverfassungsgesetzes) angeordnet werden. [2]Die Beschlagnahme nach § 97 Abs. 5 Satz 2 in den Räumen einer Redaktion, eines Verlages, einer Druckerei oder einer Rundfunkanstalt darf nur durch das Gericht angeordnet werden.

(2) [1]Der Beamte, der einen Gegenstand ohne gerichtliche Anordnung beschlagnahmt hat, soll binnen drei Tagen die gerichtliche Bestätigung beantragen, wenn bei der Beschlagnahme weder der davon Betroffene noch ein erwachsener Angehöriger anwesend war oder wenn der Betroffene und im Falle seiner Abwesenheit ein erwachsener Angehöriger des Betroffenen gegen die Beschlagnahme ausdrücklichen Widerspruch erhoben hat. [2]Der Betroffene kann jederzeit die gerichtliche Entscheidung beantragen. [3]Die Zuständigkeit des Gerichts bestimmt sich nach § 162. [4]Der Betroffene kann den Antrag auch bei dem Amtsgericht einreichen, in dessen Bezirk die Beschlagnahme stattgefunden hat; dieses leitet den Antrag dem zuständigen Gericht zu. [5]Der Betroffene ist über seine Rechte zu belehren.

(3) Ist nach erhobener öffentlicher Klage die Beschlagnahme durch die Staatsanwaltschaft oder eine ihrer Ermittlungspersonen erfolgt, so ist binnen drei Tagen dem Gericht von der Beschlagnahme Anzeige zu machen; die beschlagnahmten Gegenstände sind ihm zur Verfügung zu stellen.

(4) [1]Wird eine Beschlagnahme in einem Dienstgebäude oder einer nicht allgemein zugänglichen Einrichtung oder Anlage der Bundeswehr erforderlich, so wird die vorgesetzte Dienststelle der Bundeswehr um ihre Durchführung ersucht. [2]Die ersuchende Stelle ist zur Mitwirkung berechtigt. [3]Des Ersuchens bedarf es nicht, wenn die Beschlagnahme in Räumen vorzunehmen ist, die ausschließlich von anderen Personen als Soldaten bewohnt werden.

§ 102 Durchsuchung bei Beschuldigten

Bei dem, welcher als Täter oder Teilnehmer einer Straftat oder der Datenhehlerei, Begünstigung, Strafvereitelung oder Hehlerei verdächtig ist, kann eine Durchsuchung der Wohnung und anderer Räume sowie seiner Person und der ihm gehörenden Sachen sowohl zum Zweck seiner Ergreifung als auch dann vorgenommen werden, wenn zu vermuten ist, dass die Durchsuchung zur Auffindung von Beweismitteln führen werde.

§ 103 Durchsuchung bei anderen Personen

(1) [1]Bei anderen Personen sind Durchsuchungen nur zur Ergreifung des Beschuldigten oder zur Verfolgung von Spuren einer Straftat oder zur Beschlagnahme bestimmter Gegenstände und nur dann zulässig, wenn Tatsachen vorliegen, aus denen zu schließen ist, dass die gesuchte Person, Spur oder Sache sich in den zu durchsuchenden Räumen befindet. [2]Zum Zwecke der Ergreifung eines Beschuldigten, der dringend verdächtig ist, eine Straftat nach § 89a oder § 89c Absatz 1 bis 4 des Strafgesetzbuchs oder nach § 129a, auch in Verbindung mit § 129b Abs. 1, des Strafgesetzbuches oder eine der in dieser Vorschrift bezeichneten Straftaten begangen zu haben, ist eine Durchsuchung von Wohnungen und anderen Räumen auch zulässig, wenn diese sich in einem Gebäude befinden, von dem auf Grund von Tatsachen anzunehmen ist, dass sich der Beschuldigte in ihm aufhält.

(2) Die Beschränkungen des Absatzes 1 Satz 1 gelten nicht für Räume, in denen der Beschuldigte ergriffen worden ist oder die er während der Verfolgung betreten hat.

§ 104 Durchsuchung von Räumen zur Nachtzeit

(1) Zur Nachtzeit dürfen die Wohnung, die Geschäftsräume und das befriedete Besitztum nur bei Verfolgung auf frischer Tat oder bei Gefahr im

Verzug oder dann durchsucht werden, wenn es sich um die Wiederergreifung eines entwichenen Gefangenen handelt.

(2) Diese Beschränkung gilt nicht für Räume, die zur Nachtzeit jedermann zugänglich oder die der Polizei als Herbergen oder Versammlungsorte bestrafter Personen, als Niederlagen von Sachen, die mittels Straftaten erlangt sind, oder als Schlupfwinkel des Glücksspiels, des unerlaubten Betäubungsmittel- und Waffenhandels oder der Prostitution bekannt sind.

(3) Die Nachtzeit umfasst in dem Zeitraum vom ersten April bis dreißigsten September die Stunden von neun Uhr abends bis vier Uhr morgens und in dem Zeitraum vom ersten Oktober bis einunddreißigsten März die Stunden von neun Uhr abends bis sechs Uhr morgens.

§ 105 Verfahren bei der Durchsuchung

(1) [1]Durchsuchungen dürfen nur durch den Richter, bei Gefahr im Verzug auch durch die Staatsanwaltschaft und ihre Ermittlungspersonen (§ 152 des Gerichtsverfassungsgesetzes) angeordnet werden. [2]Durchsuchungen nach § 103 Abs. 1 Satz 2 ordnet der Richter an; die Staatsanwaltschaft ist hierzu befugt, wenn Gefahr im Verzug ist.

(2) [1]Wenn eine Durchsuchung der Wohnung, der Geschäftsräume oder des befriedeten Besitztums ohne Beisein des Richters oder des Staatsanwalts stattfindet, so sind, wenn möglich, ein Gemeindebeamter oder zwei Mitglieder der Gemeinde, in deren Bezirk die Durchsuchung erfolgt, zuzuziehen. [2]Die als Gemeindemitglieder zugezogenen Personen dürfen nicht Polizeibeamte oder Ermittlungspersonen der Staatsanwaltschaft sein.

(3) [1]Wird eine Durchsuchung in einem Dienstgebäude oder einer nicht allgemein zugänglichen Einrichtung oder Anlage der Bundeswehr erforderlich, so wird die vorgesetzte Dienststelle der Bundeswehr um ihre Durchführung ersucht. [2]Die ersuchende Stelle ist zur Mitwirkung berechtigt. [3]Des Ersuchens bedarf es nicht, wenn die Durchsuchung von Räumen vorzunehmen ist, die ausschließlich von anderen Personen als Soldaten bewohnt werden.

§ 106 Hinzuziehung des Inhabers eines Durchsuchungsobjekts

(1) [1]Der Inhaber der zu durchsuchenden Räume oder Gegenstände darf der Durchsuchung beiwohnen. [2]Ist er abwesend, so ist, wenn möglich, sein Vertreter oder ein erwachsener Angehöriger, Hausgenosse oder Nachbar zuzuziehen.

(2) [1]Dem Inhaber oder der in dessen Abwesenheit zugezogenen Person ist in den Fällen des § 103 Abs. 1 der Zweck der Durchsuchung vor deren Beginn bekanntzumachen. [2]Diese Vorschrift gilt nicht für die Inhaber der in § 104 Abs. 2 bezeichneten Räume.

§ 107 Durchsuchungsbescheinigung; Beschlagnahmeverzeichnis

[1]Dem von der Durchsuchung Betroffenen ist nach deren Beendigung auf Verlangen eine schriftliche Mitteilung zu machen, die den Grund der Durchsuchung (§§ 102, 103) sowie im Falle des § 102 die Straftat bezeichnen muss. [2]Auch ist ihm auf Verlangen ein Verzeichnis der in Verwahrung oder in Beschlag genommenen Gegenstände, falls aber nichts Verdächtiges gefunden wird, eine Bescheinigung hierüber zu geben.

§ 108 Beschlagnahme anderer Gegenstände

(1) [1]Werden bei Gelegenheit einer Durchsuchung Gegenstände gefunden, die zwar in keiner Beziehung zu der Untersuchung stehen, aber auf die Verübung einer anderen Straftat hindeuten, so sind sie einstweilen in Beschlag zu nehmen. [2]Der Staatsanwaltschaft ist hiervon Kenntnis zu geben. [3]Satz 1 findet keine Anwendung, soweit eine Durchsuchung nach § 103 Abs. 1 Satz 2 stattfindet.

(2) Werden bei einem Arzt Gegenstände im Sinne von Absatz 1 Satz 1 gefunden, die den Schwangerschaftsabbruch einer Patientin betreffen, ist ihre Verwertung zu Beweiszwecken in einem Strafverfahren gegen die Patientin wegen einer Straftat nach § 218 des Strafgesetzbuches unzulässig.

(3) Werden bei einer in § 53 Abs. 1 Satz 1 Nr. 5 genannten Person Gegenstände im Sinne von Absatz 1 Satz 1 gefunden, auf die sich das Zeugnisverweigerungsrecht der genannten Person erstreckt, ist die Verwertung des Gegenstandes zu Beweiszwecken in einem Strafverfahren nur insoweit zulässig, als Gegenstand dieses Strafverfahrens eine Straftat ist, die im Höchstmaß mit mindestens fünf Jahren Freiheitsstrafe bedroht ist und bei der es sich nicht um eine Straftat nach § 353b des Strafgesetzbuches handelt.

§ 109 Kenntlichmachung beschlagnahmter Gegenstände

Die in Verwahrung oder in Beschlag genommenen Gegenstände sind genau zu verzeichnen und zur Verhütung von Verwechslungen durch amtliche Siegel oder in sonst geeigneter Weise kenntlich zu machen.

§ 110 Durchsicht von Papieren und elektronischen Speichermedien

(1) Die Durchsicht der Papiere des von der Durchsuchung Betroffenen steht der Staatsanwaltschaft und auf deren Anordnung ihren Ermittlungspersonen (§ 152 des Gerichtsverfassungsgesetzes) zu.

(2) [1]Im Übrigen sind Beamte zur Durchsicht der aufgefundenen Papiere nur dann befugt, wenn der Inhaber die Durchsicht genehmigt. [2]Andernfalls haben sie die Papiere, deren Durchsicht sie für geboten erachten, in einem Umschlag, der in Gegenwart des Inhabers mit dem Amtssiegel zu verschließen ist, an die Staatsanwaltschaft abzuliefern.

(3) [1]Die Durchsicht eines elektronischen Speichermediums bei dem von der Durchsuchung Betroffenen darf auch auf hiervon räumlich getrennte Speichermedien, soweit auf sie von dem Speichermedium aus zugegriffen werden kann, erstreckt werden, wenn andernfalls der Verlust der gesuchten Daten zu besorgen ist. [2]Daten, die für die Untersuchung von Bedeutung sein können, dürfen gesichert werden; § 98 Abs. 2 gilt entsprechend.

§ 111b Beschlagnahme zur Sicherung der Einziehung oder Unbrauchbarmachung

(1) [1]Ist die Annahme begründet, dass die Voraussetzungen der Einziehung oder Unbrauchbarmachung eines Gegenstandes vorliegen, so kann er zur Sicherung der Vollstreckung beschlagnahmt werden. [2]Liegen dringende Gründe für diese Annahme vor, so soll die Beschlagnahme angeordnet werden. [3]§ 94 Absatz 3 bleibt unberührt.

(2) Die §§ 102 bis 110 gelten entsprechend.

§ 111c Vollziehung der Beschlagnahme

(1) [1]Die Beschlagnahme einer beweglichen Sache wird dadurch vollzogen, dass die Sache in Gewahrsam genommen wird. [2]Die Beschlagnahme kann auch dadurch vollzogen werden, dass sie durch Siegel oder in anderer Weise kenntlich gemacht wird.

(2) [1]Die Beschlagnahme einer Forderung oder eines anderen Vermögensrechtes, das nicht den Vorschriften über die Zwangsvollstreckung in das unbewegliche Vermögen unterliegt, wird durch Pfändung vollzogen. [2]Die Vorschriften der Zivilprozessordnung über die Zwangsvollstreckung in Forderungen und andere Vermögensrechte sind insoweit sinngemäß anzuwenden.

[3]Die Aufforderung zur Abgabe der in § 840 Absatz 1 der Zivilprozessordnung bezeichneten Erklärungen ist in den Pfändungsbeschluss aufzunehmen.

(3) [1]Die Beschlagnahme eines Grundstücks oder eines Rechts, das den Vorschriften über die Zwangsvollstreckung in das unbewegliche Vermögen unterliegt, wird durch ihre Eintragung im Grundbuch vollzogen. [2]Die Vorschriften des Gesetzes über die Zwangsversteigerung und Zwangsverwaltung über den Umfang der Beschlagnahme bei der Zwangsversteigerung gelten entsprechend.

(4) [1]Die Beschlagnahme eines Schiffes, eines Schiffsbauwerks oder eines Luftfahrzeugs wird nach Absatz 1 vollzogen. [2]Ist der Gegenstand im Schiffs- oder Schiffsbauregister oder im Register für Pfandrechte an Luftfahrzeugen eingetragen, ist die Beschlagnahme in diesem Register einzutragen. [3]Zu diesem Zweck können eintragungsfähige Schiffsbauwerke oder Luftfahrzeuge zur Eintragung angemeldet werden; die Vorschriften, die bei der Anmeldung durch eine Person, die aufgrund eines vollstreckbaren Titels eine Eintragung im Register verlangen kann, anzuwenden sind, gelten hierbei entsprechend.

§ 111d Wirkung der Vollziehung der Beschlagnahme; Rückgabe beweglicher Sachen

(1) [1]Die Vollziehung der Beschlagnahme eines Gegenstandes hat die Wirkung eines Veräußerungsverbotes im Sinne des § 136 des Bürgerlichen Gesetzbuchs. [2]Die Wirkung der Beschlagnahme wird von der Eröffnung des Insolvenzverfahrens über das Vermögen des Betroffenen nicht berührt; Maßnahmen nach § 111c können in einem solchen Verfahren nicht angefochten werden.

(2) [1]Eine beschlagnahmte bewegliche Sache kann dem Betroffenen zurückgegeben werden, wenn er einen den Wert der Sache entsprechenden Geldbetrag beibringt. [2]Der beigebrachte Betrag tritt an die Stelle der Sache. [3]Sie kann dem Betroffenen auch unter dem Vorbehalt jederzeitigen Widerrufs zur vorläufigen weiteren Benutzung bis zum Abschluss des Verfahrens überlassen werden; die Maßnahme kann davon abhängig gemacht werden, dass der Betroffene Sicherheit leistet oder bestimmte Auflagen erfüllt.

§ 111j Verfahren bei der Anordnung der Beschlagnahme und des Vermögensarrestes

(1) [1]Beschlagnahme und Vermögensarrest werden durch das Gericht angeordnet. [2]Bei Gefahr im Verzug kann die Anordnung auch durch die

Staatsanwaltschaft erfolgen. [3]Unter der Voraussetzung des Satzes 2 sind zur Beschlagnahme einer beweglichen Sache auch die Ermittlungspersonen der Staatsanwaltschaft (§ 152 des Gerichtsverfassungsgesetzes) befugt.

(2) [1]Hat die Staatsanwaltschaft die Beschlagnahme oder den Arrest angeordnet, so beantragt sie innerhalb einer Woche die gerichtliche Bestätigung der Anordnung. [2]Dies gilt nicht, wenn die Beschlagnahme einer beweglichen Sache angeordnet ist. [3]Der Betroffene kann in allen Fällen die Entscheidung des Gerichts beantragen. [4]Die Zuständigkeit des Gerichts bestimmt sich nach § 162.

§ 111k Verfahren bei der Vollziehung der Beschlagnahme und des Vermögensarrestes

(1) [1]Beschlagnahme und Vermögensarrest werden durch die Staatsanwaltschaft vollzogen. [2]Soweit ein Arrest nach den Vorschriften über die Pfändung in bewegliche Sachen zu vollziehen ist, kann dies durch die in § 2 des Justizbeitreibungsgesetzes bezeichnete Behörde, den Gerichtsvollzieher, die Staatsanwaltschaft oder durch deren Ermittlungspersonen (§ 152 des Gerichtsverfassungsgesetzes) vollzogen werden. [3]Die Beschlagnahme beweglicher Sachen kann auch durch die Ermittlungspersonen der Staatsanwaltschaft (§ 152 des Gerichtsverfassungsgesetzes) vollzogen werden. [4]§ 98 Absatz 4 gilt entsprechend.

(2) [1]Für die Zustellung gilt § 37 Absatz 1 mit der Maßgabe, dass auch die Ermittlungspersonen der Staatsanwaltschaft (§ 152 des Gerichtsverfassungsgesetzes) mit der Ausführung beauftragt werden können. [2]Für Zustellungen an ein im Inland zum Geschäftsbetrieb befugtes Kreditinstitut gilt § 174 der Zivilprozessordnung entsprechend.

(3) Gegen Maßnahmen, die in Vollziehung der Beschlagnahme oder des Vermögensarrestes getroffen werden, kann der Betroffene die Entscheidung des nach § 162 zuständigen Gerichts beantragen.

§ 112 Voraussetzungen der Untersuchungshaft; Haftgründe

(1) [1]Die Untersuchungshaft darf gegen den Beschuldigten angeordnet werden, wenn er der Tat dringend verdächtig ist und ein Haftgrund besteht. [2]Sie darf nicht angeordnet werden, wenn sie zu der Bedeutung der Sache und der zu erwartenden Strafe oder Maßregel der Besserung und Sicherung außer Verhältnis steht.

(2) Ein Haftgrund besteht, wenn aufgrund bestimmter Tatsachen

1. festgestellt wird, dass der Beschuldigte flüchtig ist oder sich verborgen hält,
2. bei Würdigung der Umstände des Einzelfalles die Gefahr besteht, dass der Beschuldigte sich dem Strafverfahren entziehen werde (Fluchtgefahr), oder
3. das Verhalten des Beschuldigten den dringenden Verdacht begründet, er werde
   a) Beweismittel vernichten, verändern, beiseite schaffen, unterdrücken oder fälschen oder
   b) auf Mitbeschuldigte, Zeugen oder Sachverständige in unlauterer Weise einwirken oder
   c) andere zu solchem Verhalten veranlassen,

und wenn deshalb die Gefahr droht, dass die Ermittlung der Wahrheit erschwert werde (Verdunkelungsgefahr).

(3) Gegen den Beschuldigten, der einer Straftat nach § 6 Absatz 1 Nummer 1 oder § 13 Absatz 1 des Völkerstrafgesetzbuches oder § 129a Abs. 1 oder Abs. 2, auch in Verbindung mit § 129b Abs. 1, oder nach den §§ 211, 212, 226, 306b oder 306c des Strafgesetzbuches oder, soweit durch die Tat Leib oder Leben eines anderen gefährdet worden ist, nach § 308 Abs. 1 bis 3 des Strafgesetzbuches dringend verdächtig ist, darf die Untersuchungshaft auch angeordnet werden, wenn ein Haftgrund nach Absatz 2 nicht besteht.

§ 112a Haftgrund der Wiederholungsgefahr

(1) [1]Ein Haftgrund besteht auch, wenn der Beschuldigte dringend verdächtig ist,

1. eine Straftat nach den §§ 174, 174a, 176 bis 178 oder nach § 238 Abs. 2 und 3 des Strafgesetzbuches oder
2. wiederholt oder fortgesetzt eine die Rechtsordnung schwerwiegend beeinträchtigende Straftat nach den §§ 89a, 89c Absatz 1 bis 4, nach § 125a, nach den §§ 224 bis 227, nach den §§ 243, 244, 249 bis 255, 260, nach § 263, nach den §§ 306 bis 306c oder § 316a des Strafgesetzbuches oder nach § 29 Absatz 1 Satz 1 Nummer 1, 10 oder Abs. 3, § 29a Abs. 1, § 30 Abs. 1, § 30a Abs. 1 des Betäubungsmittelgesetzes oder nach § 4 Absatz 3 Nummer 1 Buchstabe a des Neue-psychoaktive-Stoffe-Gesetzes begangen zu haben, und bestimmte Tatsachen die Gefahr begründen, dass er vor

rechtskräftiger Aburteilung weitere erhebliche Straftaten gleicher Art begehen oder die Straftat fortsetzen werde, die Haft zur Abwendung der drohenden Gefahr erforderlich und in den Fällen der Nummer 2 eine Freiheitsstrafe von mehr als einem Jahr zu erwarten ist. [2]In die Beurteilung des dringenden Verdachts einer Tatbegehung im Sinne des Satzes 1 Nummer 2 sind auch solche Taten einzubeziehen, die Gegenstand anderer, auch rechtskräftig abgeschlossener, Verfahren sind oder waren.

(2) Absatz 1 findet keine Anwendung, wenn die Voraussetzungen für den Erlass eines Haftbefehls nach § 112 vorliegen und die Voraussetzungen für die Aussetzung des Vollzugs des Haftbefehls nach § 116 Abs. 1, 2 nicht gegeben sind.

§ 113 Untersuchungshaft bei leichteren Taten

(1) Ist die Tat nur mit Freiheitsstrafe bis zu sechs Monaten oder mit Geldstrafe bis zu einhundertachtzig Tagessätzen bedroht, so darf die Untersuchungshaft wegen Verdunkelungsgefahr nicht angeordnet werden.

(2) In diesen Fällen darf die Untersuchungshaft wegen Fluchtgefahr nur angeordnet werden, wenn der Beschuldigte

1. sich dem Verfahren bereits einmal entzogen hatte oder Anstalten zur Flucht getroffen hat,
2. im Geltungsbereich dieses Gesetzes keinen festen Wohnsitz oder Aufenthalt hat oder
3. sich über seine Person nicht ausweisen kann.

§ 114 Haftbefehl

(1) Die Untersuchungshaft wird durch schriftlichen Haftbefehl des Richters angeordnet.

(2) In dem Haftbefehl sind anzuführen

1. der Beschuldigte,
2. die Tat, deren er dringend verdächtig ist, Zeit und Ort ihrer Begehung, die gesetzlichen Merkmale der Straftat und die anzuwendenden Strafvorschriften,
3. der Haftgrund sowie
4. die Tatsachen, aus denen sich der dringende Tatverdacht und der Haftgrund ergibt, soweit nicht dadurch die Staatssicherheit gefährdet wird.

(3) Wenn die Anwendung des § 112 Abs. 1 Satz 2 naheliegt oder der Beschuldigte sich auf diese Vorschrift beruft, sind die Gründe dafür anzugeben, dass sie nicht angewandt wurde.

§ 114a Aushändigung des Haftbefehls; Übersetzung

[1]Dem Beschuldigten ist bei der Verhaftung eine Abschrift des Haftbefehls auszuhändigen; beherrscht er die deutsche Sprache nicht hinreichend, erhält er zudem eine Übersetzung in einer für ihn verständlichen Sprache. [2]Ist die Aushändigung einer Abschrift und einer etwaigen Übersetzung nicht möglich, ist ihm unverzüglich in einer für ihn verständlichen Sprache mitzuteilen, welches die Gründe für die Verhaftung sind und welche Beschuldigungen gegen ihn erhoben werden. [3]In diesem Fall ist die Aushändigung der Abschrift des Haftbefehls sowie einer etwaigen Übersetzung unverzüglich nachzuholen.

§ 114b Belehrung des verhafteten Beschuldigten

(1) [1]Der verhaftete Beschuldigte ist unverzüglich und schriftlich in einer für ihn verständlichen Sprache über seine Rechte zu belehren. [2]Ist eine schriftliche Belehrung erkennbar nicht ausreichend, hat zudem eine mündliche Belehrung zu erfolgen. [3]Entsprechend ist zu verfahren, wenn eine schriftliche Belehrung nicht möglich ist; sie soll jedoch nachgeholt werden, sofern dies in zumutbarer Weise möglich ist. [4]Der Beschuldigte soll schriftlich bestätigen, dass er belehrt wurde; falls er sich weigert, ist dies zu dokumentieren.

(2) [1]In der Belehrung nach Absatz 1 ist der Beschuldigte darauf hinzuweisen, dass er

1. unverzüglich, spätestens am Tag nach der Ergreifung, dem Gericht vorzuführen ist, das ihn zu vernehmen und über seine weitere Inhaftierung zu entscheiden hat,
2. das Recht hat, sich zur Beschuldigung zu äußern oder nicht zur Sache auszusagen,
3. zu seiner Entlastung einzelne Beweiserhebungen beantragen kann,
4. jederzeit, auch schon vor seiner Vernehmung, einen von ihm zu wählenden Verteidiger befragen kann,

4a. in den Fällen des § 140 die Bestellung eines Pflichtverteidigers nach Maßgabe des § 141 Absatz 1 und des § 142 Absatz 1 beantragen kann,

5. das Recht hat, die Untersuchung durch einen Arzt oder eine Ärztin seiner Wahl zu verlangen,

6. einen Angehörigen oder eine Person seines Vertrauens benachrichtigen kann, soweit der Zweck der Untersuchung dadurch nicht erheblich gefährdet wird,
7. nach Maßgabe des § 147 Absatz 4 beantragen kann, die Akten einzusehen und unter Aufsicht amtlich verwahrte Beweisstücke zu besichtigen, soweit er keinen Verteidiger hat, und
8. bei Aufrechterhaltung der Untersuchungshaft nach Vorführung vor den zuständigen Richter
   a) eine Beschwerde gegen den Haftbefehl einlegen oder eine Haftprüfung (§ 117 Absatz 1 und 2) und eine mündliche Verhandlung (§ 118 Absatz 1 und 2) beantragen kann,
   b) bei Unstatthaftigkeit der Beschwerde eine gerichtliche Entscheidung nach § 119 Absatz 5 beantragen kann und
   c) gegen behördliche Entscheidungen und Maßnahmen im Untersuchungshaftvollzug eine gerichtliche Entscheidung nach § 119a Absatz 1 beantragen kann.

[2]Der Beschuldigte ist auf das Akteneinsichtsrecht des Verteidigers nach § 147 hinzuweisen. [3]Ein Beschuldigter, der der deutschen Sprache nicht hinreichend mächtig ist oder der hör- oder sprachbehindert ist, ist in einer ihm verständlichen Sprache darauf hinzuweisen, dass er nach Maßgabe des § 187 Absatz 1 bis 3 des Gerichtsverfassungsgesetzes für das gesamte Strafverfahren die unentgeltliche Hinzuziehung eines Dolmetschers oder Übersetzers beanspruchen kann. [4]Ein ausländischer Staatsangehöriger ist darüber zu belehren, dass er die Unterrichtung der konsularischen Vertretung seines Heimatstaates verlangen und dieser Mitteilungen zukommen lassen kann.

§ 114c Benachrichtigung von Angehörigen

(1) Einem verhafteten Beschuldigten ist unverzüglich Gelegenheit zu geben, einen Angehörigen oder eine Person seines Vertrauens zu benachrichtigen, sofern der Zweck der Untersuchung dadurch nicht erheblich gefährdet wird.

(2) [1]Wird gegen einen verhafteten Beschuldigten nach der Vorführung vor das Gericht Haft vollzogen, hat das Gericht die unverzügliche Benachrichtigung eines seiner Angehörigen oder einer Person seines Vertrauens anzuordnen. [2]Die gleiche Pflicht besteht bei jeder weiteren Entscheidung über die Fortdauer der Haft.

§ 127 Vorläufige Festnahme

(1) [1]Wird jemand auf frischer Tat betroffen oder verfolgt, so ist, wenn er der Flucht verdächtig ist oder seine Identität nicht sofort festgestellt werden kann, jedermann befugt, ihn auch ohne richterliche Anordnung vorläufig festzunehmen. [2]Die Feststellung der Identität einer Person durch die Staatsanwaltschaft oder die Beamten des Polizeidienstes bestimmt sich nach § 163b Abs. 1.

(2) Die Staatsanwaltschaft und die Beamten des Polizeidienstes sind bei Gefahr im Verzug auch dann zur vorläufigen Festnahme befugt, wenn die Voraussetzungen eines Haftbefehls oder eines Unterbringungsbefehls vorliegen.

(3) [1]Ist eine Straftat nur auf Antrag verfolgbar, so ist die vorläufige Festnahme auch dann zulässig, wenn ein Antrag noch nicht gestellt ist. [2]Dies gilt entsprechend, wenn eine Straftat nur mit Ermächtigung oder auf Strafverlangen verfolgbar ist.

(4) Für die vorläufige Festnahme durch die Staatsanwaltschaft und die Beamten des Polizeidienstes gelten die §§ 114a bis 114c entsprechend.

§ 127a Absehen von der Anordnung oder Aufrechterhaltung der vorläufigen Festnahme

(1) Hat der Beschuldigte im Geltungsbereich dieses Gesetzes keinen festen Wohnsitz oder Aufenthalt und liegen die Voraussetzungen eines Haftbefehls nur wegen Fluchtgefahr vor, so kann davon abgesehen werden, seine Festnahme anzuordnen oder aufrechtzuerhalten, wenn

1. nicht damit zu rechnen ist, dass wegen der Tat eine Freiheitsstrafe verhängt oder eine freiheitsentziehende Maßregel der Besserung und Sicherung angeordnet wird und
2. der Beschuldigte eine angemessene Sicherheit für die zu erwartende Geldstrafe und die Kosten des Verfahrens leistet.

(2) § 116a Abs. 1 und 3 gilt entsprechend.

§ 127b Vorläufige Festnahme und Haftbefehl bei beschleunigtem Verfahren

(1) [1]Die Staatsanwaltschaft und die Beamten des Polizeidienstes sind zur vorläufigen Festnahme eines auf frischer Tat Betroffenen oder Verfolgten auch dann befugt, wenn

1. eine unverzügliche Entscheidung im beschleunigten Verfahren wahrscheinlich ist und
2. aufgrund bestimmter Tatsachen zu befürchten ist, dass der Festgenommene der Hauptverhandlung fernbleiben wird.

[2]Die §§ 114a bis 114c gelten entsprechend.

(2) [1]Ein Haftbefehl (§ 128 Abs. 2 Satz 2) darf aus den Gründen des Absatzes 1 gegen den der Tat dringend Verdächtigen nur ergehen, wenn die Durchführung der Hauptverhandlung binnen einer Woche nach der Festnahme zu erwarten ist. [2]Der Haftbefehl ist auf höchstens eine Woche ab dem Tage der Festnahme zu befristen.

(3) Über den Erlass des Haftbefehls soll der für die Durchführung des beschleunigten Verfahrens zuständige Richter entscheiden.

§ 128 Vorführung bei vorläufiger Festnahme

(1) [1]Der Festgenommene ist, sofern er nicht wieder in Freiheit gesetzt wird, unverzüglich, spätestens am Tage nach der Festnahme, dem Richter bei dem Amtsgericht, in dessen Bezirk er festgenommen worden ist, vorzuführen. [2]Der Richter vernimmt den Vorgeführten gemäß § 115 Abs. 3.

(2) [1]Hält der Richter die Festnahme nicht für gerechtfertigt oder ihre Gründe für beseitigt, so ordnet er die Freilassung an. [2]Andernfalls erlässt er auf Antrag der Staatsanwaltschaft oder, wenn ein Staatsanwalt nicht erreichbar ist, von Amts wegen einen Haftbefehl oder einen Unterbringungsbefehl. [3]§ 115 Abs. 4 gilt entsprechend.

§ 163 Aufgaben der Polizei im Ermittlungsverfahren

(1) [1]Die Behörden und Beamten des Polizeidienstes haben Straftaten zu erforschen und alle keinen Aufschub gestattenden Anordnungen zu treffen, um die Verdunkelung der Sache zu verhüten. [2]Zu diesem Zweck sind sie befugt, alle Behörden um Auskunft zu ersuchen, bei Gefahr im Verzug auch, die Auskunft zu verlangen, sowie Ermittlungen jeder Art vorzunehmen, soweit nicht andere gesetzliche Vorschriften ihre Befugnisse besonders regeln.

(2) [1]Die Behörden und Beamten des Polizeidienstes übersenden ihre Verhandlungen ohne Verzug der Staatsanwaltschaft. [2]Erscheint die schleunige Vornahme richterlicher Untersuchungshandlungen erforderlich, so kann die Übersendung unmittelbar an das Amtsgericht erfolgen.

(3) [1]Zeugen sind verpflichtet, auf Ladung vor Ermittlungspersonen der Staatsanwaltschaft zu erscheinen und zur Sache auszusagen, wenn der Ladung ein Auftrag der Staatsanwaltschaft zugrunde liegt. [2]Soweit nichts anderes bestimmt ist, gelten die Vorschriften des Sechsten Abschnitts des Ersten Buches entsprechend. [3]Die eidliche Vernehmung bleibt dem Gericht vorbehalten.

(4) [1]Die Staatsanwaltschaft entscheidet

1. über die Zeugeneigenschaft oder das Vorliegen von Zeugnis- oder Auskunftsverweigerungsrechten, sofern insoweit Zweifel bestehen oder im Laufe der Vernehmung aufkommen,
2. über eine Gestattung nach § 68 Absatz 3 Satz 1, Angaben zur Person nicht oder nur über eine frühere Identität zu machen,
3. über die Beiordnung eines Zeugenbeistands nach § 68b Absatz 2 und
4. bei unberechtigtem Ausbleiben oder unberechtigter Weigerung des Zeugen über die Verhängung der in den §§ 51 und 70 vorgesehenen Maßregeln; dabei bleibt die Festsetzung der Haft dem nach § 162 zuständigen Gericht vorbehalten.

[2]Im Übrigen trifft die erforderlichen Entscheidungen die die Vernehmung leitende Person.

(5) [1]Gegen Entscheidungen von Beamten des Polizeidienstes nach § 68b Absatz 1 Satz 3 sowie gegen Entscheidungen der Staatsanwaltschaft nach Absatz 4 Satz 1 Nummer 3 und 4 kann gerichtliche Entscheidung durch das nach § 162 zuständige Gericht beantragt werden. [2]Die §§ 297 bis 300, 302, 306 bis 309, 311a und 473a gelten jeweils entsprechend. [3]Gerichtliche Entscheidungen nach Satz 1 sind unanfechtbar.

(6) [1]Für die Belehrung des Sachverständigen durch Beamte des Polizeidienstes gelten § 52 Absatz 3 und § 55 Absatz 2 entsprechend. [2]In den Fällen des § 81c Absatz 3 Satz 1 und 2 gilt § 52 Absatz 3 auch bei Untersuchungen durch Beamte des Polizeidienstes sinngemäß.

(7) § 185 Absatz 1 und 2 des Gerichtsverfassungsgesetzes gilt entsprechend.

§ 163b Maßnahmen zur Identitätsfeststellung

(1) [1]Ist jemand einer Straftat verdächtig, so können die Staatsanwaltschaft und die Beamten des Polizeidienstes die zur Feststellung seiner Identität erforderlichen Maßnahmen treffen; § 163a Abs. 4 Satz 1 gilt entsprechend.

[2]Der Verdächtige darf festgehalten werden, wenn die Identität sonst nicht oder nur unter erheblichen Schwierigkeiten festgestellt werden kann. [3]Unter den Voraussetzungen von Satz 2 sind auch die Durchsuchung der Person des Verdächtigen und der von ihm mitgeführten Sachen sowie die Durchführung erkennungsdienstlicher Maßnahmen zulässig.

(2) [1]Wenn und soweit dies zur Aufklärung einer Straftat geboten ist, kann auch die Identität einer Person festgestellt werden, die einer Straftat nicht verdächtig ist; § 69 Abs. 1 Satz 2 gilt entsprechend. [2]Maßnahmen der in Absatz 1 Satz 2 bezeichneten Art dürfen nicht getroffen werden, wenn sie zur Bedeutung der Sache außer Verhältnis stehen; Maßnahmen der in Absatz 1 Satz 3 bezeichneten Art dürfen nicht gegen den Willen der betroffenen Person getroffen werden.

§ 163c Freiheitsentziehung zur Identitätsfeststellung

(1) [1]Eine von einer Maßnahme nach § 163b betroffene Person darf in keinem Fall länger als zur Feststellung ihrer Identität unerlässlich festgehalten werden. [2]Die festgehaltene Person ist unverzüglich dem Richter bei dem Amtsgericht, in dessen Bezirk sie ergriffen worden ist, zum Zwecke der Entscheidung über Zulässigkeit und Fortdauer der Freiheitsentziehung vorzuführen, es sei denn, dass die Herbeiführung der richterlichen Entscheidung voraussichtlich längere Zeit in Anspruch nehmen würde, als zur Feststellung der Identität notwendig wäre. [3]Die §§ 114a bis 114c gelten entsprechend.

(2) Eine Freiheitsentziehung zum Zwecke der Feststellung der Identität darf die Dauer von insgesamt zwölf Stunden nicht überschreiten.

(3) Ist die Identität festgestellt, so sind in den Fällen des § 163b Abs. 2 die im Zusammenhang mit der Feststellung angefallenen Unterlagen zu vernichten.

§ 164 Festnahme von Störern

Bei Amtshandlungen an Ort und Stelle ist der Beamte, der sie leitet, befugt, Personen, die seine amtliche Tätigkeit vorsätzlich stören oder sich den von ihm innerhalb seiner Zuständigkeit getroffenen Anordnungen widersetzen, festnehmen und bis zur Beendigung seiner Amtsverrichtungen, jedoch nicht über den nächstfolgenden Tag hinaus, festhalten zu lassen.

3.4 Strafgesetzbuch (StGB)

– Auszug –

§ 73 Einziehung von Taterträgen bei Tätern und Teilnehmern

(1) Hat der Täter oder Teilnehmer durch eine rechtswidrige Tat oder für sie etwas erlangt, so ordnet das Gericht dessen Einziehung an.

(2) Hat der Täter oder Teilnehmer Nutzungen aus dem Erlangten gezogen, so ordnet das Gericht auch deren Einziehung an.

(3) Das Gericht kann auch die Einziehung der Gegenstände anordnen, die der Täter oder Teilnehmer erworben hat

1. durch Veräußerung des Erlangten oder als Ersatz für dessen Zerstörung, Beschädigung oder Entziehung oder
2. aufgrund eines erlangten Rechts.

§ 73a Erweiterte Einziehung von Taterträgen bei Tätern und Teilnehmern

(1) Ist eine rechtswidrige Tat begangen worden, so ordnet das Gericht die Einziehung von Gegenständen des Täters oder Teilnehmers auch dann an, wenn diese Gegenstände durch andere rechtswidrige Taten oder für sie erlangt worden sind.

(2) Hat sich der Täter oder Teilnehmer vor der Anordnung der Einziehung nach Absatz 1 an einer anderen rechtswidrigen Tat beteiligt und ist erneut über die Einziehung seiner Gegenstände zu entscheiden, berücksichtigt das Gericht hierbei die bereits ergangene Anordnung.

§ 74 Einziehung von Tatprodukten, Tatmitteln und Tatobjekten bei Tätern und Teilnehmern

(1) Gegenstände, die durch eine vorsätzliche Tat hervorgebracht (Tatprodukte) oder zu ihrer Begehung oder Vorbereitung gebraucht worden oder bestimmt gewesen sind (Tatmittel), können eingezogen werden.

(2) Gegenstände, auf die sich eine Straftat bezieht (Tatobjekte), unterliegen der Einziehung nach der Maßgabe besonderer Vorschriften.

(3) [1]Die Einziehung ist nur zulässig, wenn die Gegenstände zur Zeit der Entscheidung dem Täter oder Teilnehmer gehören oder zustehen. [2]Das gilt

auch für die Einziehung, die durch eine besondere Vorschrift über Absatz 1 hinaus vorgeschrieben oder zugelassen ist.

§ 75 Wirkung der Einziehung

(1) [1]Wird die Einziehung eines Gegenstandes angeordnet, so geht das Eigentum an der Sache oder das Recht mit der Rechtskraft der Entscheidung auf den Staat über, wenn der Gegenstand

1. dem von der Anordnung Betroffenen zu dieser Zeit gehört oder zusteht oder
2. einem anderen gehört oder zusteht, der ihn für die Tat oder andere Zwecke in Kenntnis der Tatumstände gewährt hat.

[2]In anderen Fällen geht das Eigentum an der Sache oder das Recht mit Ablauf von sechs Monaten nach der Mitteilung der Rechtskraft der Einziehungsanordnung auf den Staat über, es sei denn, dass vorher derjenige, dem der Gegenstand gehört oder zusteht, sein Recht bei der Vollstreckungsbehörde anmeldet.

(2) [1]Im Übrigen bleiben Rechte Dritter an dem Gegenstand bestehen. [2]In den in § 74b bezeichneten Fällen ordnet das Gericht jedoch das Erlöschen dieser Rechte an. [3]In den Fällen der §§ 74 und 74a kann es das Erlöschen des Rechts eines Dritten anordnen, wenn der Dritte

1. wenigstens leichtfertig dazu beigetragen hat, dass der Gegenstand als Tatmittel verwendet worden oder Tatobjekt gewesen ist, oder
2. das Recht an dem Gegenstand in Kenntnis der Umstände, welche die Einziehung zulassen, in verwerflicher Weise erworben hat.

(3) Bis zum Übergang des Eigentums an der Sache oder des Rechts wirkt die Anordnung der Einziehung oder die Anordnung des Vorbehalts der Einziehung als Veräußerungsverbot im Sinne des § 136 des Bürgerlichen Gesetzbuchs.

(4) In den Fällen des § 111d Absatz 1 Satz 2 der Strafprozessordnung findet § 91 der Insolvenzordnung keine Anwendung.

3.5 Prüfschema für die rechtliche Begründung von Eingriffsmaßnahmen

1 Entscheidung
- 1.1 Entscheidung zu präventivem oder repressivem Handeln
- 1.2 Benennung der zu treffenden Maßnahme

2 Zuständigkeit
- 2.1 Sachliche Zuständigkeit
- 2.2 Örtliche Zuständigkeit

3 Eingriff
- 3.1 Befugnisnorm
- 3.2 Adressat
- 3.3 Allgemeine Rechtmäßigkeitsvoraussetzungen/Verhältnismäßigkeit
- 3.4 Besondere gesetzliche Pflichten/Formvorschriften
- 3.5 Feststellung der Rechtmäßigkeit der Maßnahme

4 Zwang
- 4.1 Benennung der Art des Zwanges
- 4.2 Zulässigkeit der Vollstreckung
- 4.3 Adressat des Verwaltungszwanges
- 4.4 Zur Anwendung unmittelbaren Zwanges berechtigte Personen
- 4.5 Besondere Vorschriften
  - Androhung
  - Besondere Anforderungen
- 4.6 Allgemeine Rechtmäßigkeitsvoraussetzungen/Verhältnismäßigkeit
- 4.7 Feststellung der Rechtmäßigkeit der zwangsweisen Durchsetzung dieser Maßnahme

Fälle und Lösungen zum StGB
für die Ausbildung in der Bundespolizei

von Dipl.-Verwaltungswirt (FH) Nils Neuwald M.A., Erster Polizeihauptkommissar, Fachkoordinator der Fachgruppe Recht und Verwaltung am Bundespolizeiaus- und -fortbildungszentrum Neustrelitz, und Dipl.-Verwaltungswirtin (FH) Elisabeth Rathmann, Polizeihauptkommissarin, Polizeifachlehrerin und Fachverantwortliche für Einsatzrecht im VmPVD am Bundespolizeiaus- und -fortbildungszentrum Neustrelitz

2020, 184 Seiten, € 19,90

ISBN 978-3-415-06823-0

Leseprobe unter
www.boorberg.de/9783415068230

Das Buch enthält in **44 Fällen** zahlreiche Sachverhalte zu den relevanten Strafrechtsdelikten im bundespolizeilichen Aufgabenbereich. Diese werden regelmäßig gemäß Ausbildungs- und Stoffverteilungsplan in Prüfungen und Aufsichtsarbeiten geprüft.

Alle Sachverhaltslösungen sind **komplett ausformuliert** und entsprechen dem für die Ausbildung des mittleren Polizeivollzugsdienstes der Bundespolizei geltenden Aufbauschema.

Die Lösungen basieren auf den bundesweit harmonisierten Arbeitsunterlagen für die Ausbildung des mittleren Polizeivollzugsdienstes und der **Verfahrensanweisung der Bundespolizeiakademie** für die Erstellung von Prüfungsarbeiten.

Im Einführungskapitel stellen die Verfasser die Herangehensweise an die Lösung strafrechtlicher Sachverhalte ausführlich dar.

RICHARD BOORBERG VERLAG FAX 0711/7385-100 · 089/4361564
TEL 0711/7385-343 · 089/436000-20 BESTELLUNG@BOORBERG.DE

RA0121

Die Lernhilfe zum UZwG.

WWW.BOORBERG.DE

Fälle und Lösungen zum UZwG

für die Ausbildung in der Bundespolizei

von Dipl.-Verwaltungswirt (FH) Nils Neuwald M.A., Erster Polizeihauptkommissar, Fachkoordinator der Fachgruppe Recht und Verwaltung am Bundespolizeiaus- und -fortbildungszentrum Neustrelitz, und Dipl.-Verwaltungswirtin (FH) Elisabeth Rathmann, Polizeihauptkommissarin, Polizeifachlehrerin und Fachverantwortliche für Einsatzrecht im VmPVD am Bundespolizeiaus- und -fortbildungszentrum Neustrelitz

2019, 204 Seiten, € 22,90

ISBN 978-3-415-06476-8

Das Buch enthält 25 Fälle mit zahlreichen Sachverhalten zur Ausübung von unmittelbarem Zwang im bundespolizeilichen Aufgabenbereich. Die Kenntnis der Maßnahmen nach dem UZwG wird regelmäßig gemäß Ausbildungs- und Stoffverteilungsplan in Prüfungen und Aufsichtsarbeiten geprüft.

Die Falllösungen basieren auf den bundesweit harmonisierten Arbeitsunterlagen für die Ausbildung des mittleren Polizeivollzugsdienstes und der Verfahrensanweisung der Bundespolizeiakademie für die Erstellung von Prüfungsarbeiten. Sie sind komplett ausformuliert und entsprechen dem verbindlich festgelegten Prüfungsschema für die rechtliche Begründung von Eingriffsbefugnissen. Das Autorenteam stellt das verbindliche Prüfungsschema in einer Einführung ausführlich dar und gibt nützliche Bearbeitungshinweise.

BOORBERG

RICHARD BOORBERG VERLAG FAX 0711/7385-100 · 089/4361564
TEL 0711/7385-343 · 089/436000-20 BESTELLUNG@BOORBERG.DE

RA0221